MEMOIRES SECRETS

DE

MYLORD BOLINGBROKE.

II. PARTIE.

MEMOIRES SECRETS

DE MYLORD BOLINGBROKE,

SUR

LES AFFAIRES D'ANGLETERRE

depuis 1710. jusqu'en 1716.

ET PLUSIEURS INTRIGUES

A LA COUR DE FRANCE,

Écrits par lui-même en 1717. adressés en forme de Lettre au Chevalier Windham ; publiés après sa mort en 1753. Traduits de l'Anglois avec des notes historiques pour l'intelligence du Texte ; précédés d'un discours préliminaire sur la vie de l'Auteur, & accompagnés de Piéces justificatives.

SECONDE PARTIE.

LONDRES.

———

M. DCC. LIV.

MEMOIRES SECRETS
DE MYLORD
BOLINGBROKE,
SUR LES AFFAIRES D'ANGLETERRE.

Seconde Partie.

LE nouveau Gouvernement de France fut pour moi un pays étranger, dont je connoiſſois peu les chemins. La plûpart des viſages étoient nouveaux pour moi, & tout juſqu'au langage en étoit bien changé. De ceux qui avoient eu du pouvoir ſous le précedent Régne, la plûpart furent déplacés : les autres étoient trop occupés du ſoin de ſe maintenir en place, pour écouter des propoſitions en faveur du Prétendant. Les deux hommes qui avoient la plus grande apparence de faveur

& de crédit, étoient M. Daguesseau & le Duc de Noailles. L'un, de Procureur géneral, a été fait Chancelier à la place de M. Voisins, & l'autre fut mis à la tête des Finances. Le premier passe pour homme de mérite, mais il n'est jamais sorti de la sphere des Loix. J'avois beaucoup connu le second du temps du feu Roi; mais par le même principe de Cour qui l'avoit fait alors se réjouir d'être bien avec moi, à peine m'auroit-il reconnu depuis. J'étois lié d'amitié avec le Ministre, * qui avoit la principale direction des affaires étrangéres; &, je dois le dire à son honneur, il n'a jamais encouragé un dessein qu'il sçavoit que sa Cour n'étoit pas dans l'intention de soûtenir.

---

* *Le Maréchal D'Huxelles.*

Je

Je trouvai quelques voies indirectes & particuliéres pour converfer
avec d'autres perfonnes qui avoient
du crédit & de l'influence dans la
même Cour; mais vainement j'aurois attendu de leur part, quelque
chofe de plus que le langage de la
politeffe. Il s'agiffoit d'une affaire
que leur Maître n'étoit pas difpofé à
protéger, & pour laquelle eux-mêmes n'avoient aucuns préjugés favorables. Les engagemens particuliers
dans lefquels le Duc d'Orléans étoit
entré avec Sa Majefté, pendant la vie
du feu Roi, pouvoient perdre de leur
force, à mefure que le Régent affer-
miroit fa puiffance. Bientôt ils n'en
auroient plus eu du tout, fi le Prétendant avoit réuffi; mais dans ces
commencemens ils faifoient une
forte impreffion. L'air de cette Cour

 étoit

étoit de prendre l'opposé de tout ce qu'on avoit adopté sous Louis XIV. *Cela ressemble trop à l'ancien sys-tême*, étoit une phrase si souvent donnée pour réponse, qu'elle devint une plaisanterie, & passa presque en proverbe. Pour finir par un fait in-croyable, mais exactement vrai, la même paix qui avoit sauvé la France de sa ruine, & ceux qui l'avoient faite, étoient devenus aussi peu agréables à cette Cour qu'à celle de Vienne.

Dans cet état des choses, le Duc d'Ormond se flata de s'être ouvert secrétement une voie sûre pour arri-ver jusqu'au Régent, & le faire entrer dans tous ses desseins. Nous logions ensemble, dans une maison qu'un ami m'avoit prêtée. J'observai que souvent on le perdoit de vuë, & qu'il faisoit de continuelles excursions hors

hors de la Ville, avec tout l'air de précaution & de myſtere imaginable. Je doutai d'abord, ſi ces intrigues avoient pour objet les affaires, ou le plaiſir : je découvris bientôt avec qui elles ſe tramoient, & j'ai tout lieu de croire que tous les deux y étoient mêlés. Il eſt néceſſaire que je vous explique en quoi conſiſtoit ce ſecret.

La même Mad. Trant que j'ai nommée ci-deſſus, ſe préparoit depuis long-temps, à la vie retirée & auſtere des Carmelites (*aa*), par un excès des plaiſirs de Paris, lorſque peu avant la mort de la Reine, elle paſſa en Angleterre. Ce qu'elle étoit chargée d'y négocier, ſoit par le

____

(*aa*) Ce trait, peut-être ſatyrique, porte ſur ce que l'Auteur dit dans une note, que cette Dame parloit toujours de ſe faire Religieuſe. On ſupprime ici cette note où l'Auteur parle du mariage de Mad. Trant, avec un Cadet de très-grande Maiſon.

Chevalier,

Chevalier, soit par d'autres personnes, c'est ce que j'ignore, & qu'il n'importe guères de sçavoir. Dans ce voyage, elle fit ou renouvella connoissance avec le Duc d'Ormond. La chronique scandaleuse dit, qu'elle ramena avec elle en France une femme, que je n'ai point connue, mais qui probablement étoit belle, & qu'elle fit, par ce moyen, sa cour au Régent. Quelque fût son mérite auprès de ce Prince, il est certain qu'elle entretint une correspondance avec lui, & s'y mit sur le pied de familiarité, qu'il permet de prendre à tous ceux qui contribuent à ses plaisirs. Il la logea avec une vieille Demoiselle qui avoit été fille d'honneur de Madame, & qui avoit contracté à la Cour un esprit d'intrigue, dont elle n'avoit pû se défaire dans sa retraite. Ces

Ces deux femmes s'associérent
l'Abbé De Téſu , dans toute la partie
politique de leurs affaires : car je ne
ſuppoſerai point qu'un ſi réverend
Ecclésiaſtique fût entré dans aucune
autre confidence. Cet Abbé eſt Secrétaire du Régent : c'eſt par lui
principalement , que fût acheminé le
traité ſecret entre ſon Maître & le
Comte de Stair , durant le régne du
feu Roi. S'il fut leuré d'un chapeau
de Cardinal , ou s'il joua ce nouveau
rôle par les mêmes ordres que le
précedent , c'eſt ce que je ne ſçai pas.
Ce qui eſt certain , & dont le Miniſ-
tre Britannique ne fut pas la dupe ,
c'eſt qu'en même temps qu'il con-
certoit des meſures d'un côté , pour
traverſer les deſſeins du Prétendant ,
il témoignoit de l'autre , toute l'inclination poſſible à ſon ſervice. Une
espece

espece de fou, qui a été Intendant
en Normandie, & plusieurs autres
politiques du plus bas ordre, furent
en différents temps, admis dans cette
fameuse *Junte*.

C'étoit avec ces dignes gens que
négocioit le Duc d'Ormond ; & aucun soin ne fut négligé de sa part,
pour m'exclure de ce secret. La raison, autant que je puis la conjecturer,
vous la sçaurez tout-à-l'heure. J'aurois pû, avec justice, prendre fort
mal ce procédé ; & le Duc n'auroit
rien trouvé, dans toute ma conduite
à son égard, qui y ressemblât. Je
vous proteste sincérement que je n'en
sentis pas la plus légere émotion.

Avec ces comiques Ministres, il
ne fit pas le moindre progrès dans
l'affaire ; & cependant, il s'imaginoit
gagner tous les jours du terrein. Je
n'avançai

n'avançai pas davantage avec les vé-
ritables , mais du moins je le voyois
bien. Ce n'étoit pas là toutefois les
seules difficultés que nous eussions
à surmonter ; il en survint une de
notre côté, qui nous embarrassa davantage. La premiére nous empê-
choit de nous approcher de notre
point de vuë : la seconde nous l'en-
leva, & ne nous laissa plus rien à
envisager.

On avoit envoyé en Angleterre,
peu de jours avant la mort du Roi de
France , un memoire que j'avois écrit
à Châville, de concert avec les Ducs
d'Ormond , de Berwick & M. De
Torcy. C'étoit une réponse à celui
qu'on en avoit reçu. L'état de ce
pays-ci y étoit représenté au vrai ;
la différence marquée entre ce qu'on
avoit demandé , & ce qu'on pouvoit

attendre ; & sur-tout, cette question
y étoit répetée, sçavoir, ce que
nos amis feroient pour nous, & ce
qu'ils vouloient que nous fissions
pour eux ? La réplique à cela, nous
parvint par le canal du Secrétaire
d'Etat des affaires étrangéres. On nous
déclaroit qu'on ne pouvoit rien dire,
jusqu'à ce qu'on eût vû quel tour
prendroient les affaires, après un
aussi grand évenement que la mort
du Roi, dont on avoit reçu la nou-
velle.

Cette déclaration nous ferma la
bouche, & nous lia les mains. Ce
dernier avis, suspendant le projet
que nous avions suivi jusqu'alors,
& dont le plan m'avoit servi d'ins-
truction, je ne sçavois plus, je
l'avoue, ni comment ni quoi solliciter. J'étois dans le doute si votre
dessein

deſſein ſeroit d'aller en avant, ou d'étouffer, autant qu'il ſeroit poſſible, le ſouvenir de tout ce qui s'étoit paſſé ; de reſter en repos, & de faire retomber ſur la Cour la haine d'une fauſſe alarme , juſqu'à ce que des conjonctures plus favorables dans l'interieur & au dehors, vous miſſent en état de reprendre l'affaire. Peut-être auroit-ce été le plus ſage parti ; mais en ce cas, vous auriez dû le prendre de concert avec nous, qui travaillions ici pour vos interêts. Ce n'étoit pas votre projet, comme il parut enſuite : & c'eſt pourquoi les Directeurs du parti à Londres furent inexcuſables d'avoir laiſſé les choſes ſur le pied de cette déclaration, & de ne m'avoir plus donné, pendant quelques ſemaines, aucun avis, ſur lequel je puſſe compter. Tant que

B ij   les

les préparatifs avoient dû être faits,
& l'ouvrage commencé par les secours d'ici, vous deviez naturelle-
ment attendre de nos nouvelles :
mais quand nous eumes entiérement
perdu ces espérances, c'étoit à vous
à nous déterminer.

Dans cet état désesperé, nous
commençâmes à recevoir des messages de votre part, mais rien par écrit.
On nous disoit qu'il n'y avoit plus
de temps à perdre, & qu'il falloit
faire partir le Chevalier. Jamais on
ne fut, je crois, plus embarrassé que
je l'étois alors. Je ne pouvois m'imaginer qu'après tout ce qui venoit
d'arriver, vous vous fussiez conten-
tés de donner verbalement, & d'une
maniére si vague, le signal de l'ac-
tion ; & je sçavois, par expérience,
le peu de fonds qu'il y avoit à faire
sur

sur de tels messages : en voici un exemple.

Peu après que je fus engagé dans ces affaires, il arriva à Bar un Moine dépêché, disoit-il, par le Duc d'Ormond. Il insistoit au nom du Duc, pour que le Chevalier eût à passer incessamment dans la Grande-Bretagne, dont la couronne n'attendoit que sa présence pour se placer sur sa tête. Le *compagnon* fit sa prétendue commission avec tant d'assurance, il l'appuya de tant de détails & de particularités, que le départ fut résolu, & que le Chevalier me marqua un rendez-vous pour le joindre. Cette maniére d'envoyer chercher un Roi, avec aussi peu de cérémonie qu'on en feroit pour inviter un ami à souper, me parut un peu extraordinaire ; mais en parlant à
l'homme

l'homme même, qui par bonheur
fut envoyé de Bar à Paris, je découvris aisément qu'il n'avoir jamais eu
une pareille commiſſion, & qu'il
agiſſoit de ſa tête. Tout Moine qu'il
étoit, j'oſai m'oppoſer à ce qu'on
prît ſur ſa parole aucune réſolution :
& peu après, nous apprîmes par le
Duc d'Ormond lui-même, qu'il ne
l'avoit jamais envoyé.

Cet exemple me rendoit déja
défiant ; mais voici ce qui me con-
firma dans mon incrédulité. Je ne
pouvois imaginer, ſans vous croire
tous en démence, que vous puſſiez
nous preſſer tout-d'un-coup d'entreprendre la choſe ſans argent,
armes, ni munitions, ni de quoi former ſeulement une Compagnie d'Infanterie, vous qui aviez jugé le
deſſein impraticable, à moins des
ſecours

secours spécifiés ci-dessus, pendant qu'il n'étoit pas encore tout-à-fait divulgué; Que le Roi n'avoit ni flotte en mer, ni plus de huit mille hommes de troupes dispersées dans toute l'Isle; Que nous avions pour nous l'inclination de la Cour de France; que nous pouvions attendre d'elle des assistances particuliéres, & une connivence génerale : au lieu que dans l'état présent, le Gouvernement d'Angleterre étoit sur ses gardes, les Troupes nationales augmentées, les étrangéres appellées au secours, & la France enfin contre nous, comme tout le reste du Continent. Je ne concevois pas une combinaison d'accidens assez étrange, pour avoir augmenté la nécessité d'agir à mesure que les moyens nous en avoient manqué.

Sur

Sur toute cette affaire, mon avis
fut (& je ne vis point que celui du
Duc d'Ormond s'en écartât,) que
nous attendissions de vos nouvelles
assez positives pour nous assurer de
ce que vous désiriez , & de ce que
nous aurions à faire. En attendant,
je proposai de préparer (autant que
le peu d'argent & de faveur que
nous avions, pourroit nous le permettre) quelques embarquemens
sur les côtes de France.

L'Amiral Byng étoit venu dans
la rade du Havre demander, noms
par noms, quelques vaisseaux qui
nous appartenoient. Le Régent ne
jugea pas à propos de les lui livrer;
mais il ordonna qu'ils fussent dé-
chargés, & leurs cargaisons déposées
dans les magazins du Roi. Nous
n'étions pas en état de réparer cette
perte;

perte ; ainsi, lorsque je parle d'em-
barquement, n'entendez par-là rien
de plus que ce qu'il falloit pour le
paſſage du Prétendant & de ſa ſuite.
C'étoit alors tout ce que nous pouvions faire, & cela ne fut pas négligé.

Pendant que nous y travaillions,
il arriva d'Ecoſſe un Gentilhomme
dépêché pour repréſenter l'état de ce
pays-là, & pour demander au Chevalier une réponſe définitive ; ſça-
voir, s'il vouloit que le ſoulévement
eût lieu ſans plus tarder, attendu
qu'il pourroit devenir impratiqua-
ble, ſi l'on étoit obligé de le différer
davantage ? Ce Gentilhomme fut
renvoyé, avec ordre de dire à ceux
qui l'avoient dépêché, Que le Chevalier ſouhaitoit de combiner ce ſoulévement avec celui de ſes amis en

II. Partie. C Angle-

Angleterre, de maniére qu'ils puſ-
ſent s'appuyer réciproquement, &
occuper l'ennemi des deux côtés;
Qu'il attendoit de jour en jour une
réponſe finale de la part de ceux-ci;
Qu'il ſeroit fort à deſirer qu'on pût
tout ſuſpendre en Ecoſſe, juſqu'à ce
que tout fût prêt en Angleterre;
mais ſi les Ecoſſois étoient preſſés
au point d'être obligés de ſe ſoumet-
tre ou de prendre les armes, qu'ils
pouvoient les prendre, & qu'il ſeroit
de ſon mieux pour les joindre au
plutôt.

Ce que cet empreſſement des
Ecoſſois & cette incertitude des Anglois devoient enfin produire, n'é-
toit pas difficile à prévoir. Afin de
ne rien négliger de ce qui étoit en
mon pouvoir, pour prévenir de
fauſſes meſures, comme je n'avois
rien

rien omis pour en faire prendre de bonnes, j'avois, avant l'expédition de cette réponse, dépêché un Gentilhomme à Londres, où je suppoſois que le Comte de Mar devoit être encore : je le chargeai de lui dire que je le croyois convaincu comme moi & tous nos amis, que l'Ecoſſe ne feroit rien de déciſif ſans le concours de l'Angleterre, & que celle-ci ne bougeroit point ſans un ſecours étranger : Qu'il ne falloit abſolument compter ſur aucune aſſiſtance du dehors, & que je le priois de tirer la conſéquence. Ce Gentilhomme à ſon arrivée, trouva le Comte de Mar, déja parti pour ſe mettre à la tête des Montagnards. Il communiqua ſon meſſage à une perſonne de confiance, * qui ſe

---

* *M. Lewis.*

C 2

chargea

chargea de le lui faire paſſer; & c'étoit
tout ce qu'on pût faire dans une
telle conjonĉture.

Vous vous étiez alors viſiblement
écartés du projet que vous nous aviez
envoyé, & de tous les principes qui
avoient été poſés. Je fis ce que je
pûs pour ſoûtenir mon courage,
auſſi-bien que celui du Chevalier
& de tous nos correſpondans. Je
m'efforçois en un mot, de me tromper moi-même. Je ne voyois point
de remede à notre malheur, & cependant je voulois voir la fin de
cette périlleuſe aventure. Je vous
avouerai néanmoins, que je jugeai
& juge encore ces meſures, telles
qu'aucun homme ſenſé n'en vou-
droit ſuivre de pareilles, dans les
affaires les plus communes de la vie.
Pouvois-je ſans étonnement les voir
adoptées

adoptées dans une entreprise, dont l'objet n'étoit rien moins que de disposer de trois Couronnes, & les moyens d'y réussir, qu'une guerre civile.

Impatients de n'avoir aucunes nouvelles d'Angleterre, tandis que nous nous attendions à tout moment d'apprendre que la guerre étoit commencée en Ecosse, nous résolumes, le Duc d'Ormond & moi, d'envoyer à Londres une personne de confiance. * Nous la chargeâmes de vous répeter toutes nos relations précédentes, de vous faire connoître à quel point le Chevalier étoit destitué de tout support actuel, & même de toute espérance raisonnable d'en obtenir, & de vous prier

---

* *M. Ezéchiel Hamilton. Il avoit appris par cœur tous les memoires de sa commission.*

de réfoudre s'il devoit aller en Ecoffe , ou fe jetter quelque part fur la
côte d'Angleterre. Nous ajoûtions
que le Chevalier étant prêt pour
s'embarquer au premier avis , vous
pouviez compter fur fon départ , à
l'inftant qu'il recevroit votre répon-
fe : c'eft pourquoi , fi votre intention
étoit de faire un foulévement , vous
feriez fort bien , pour gagner du
temps, de l'exécuter tout de fuite, fur
l'affurance que de notre côté , nous
remplirions exactement , quel qu'il
pût être , le plan que vous nous auriez prefcrit. Une circonftance nous
détermina , fans plus balancer , à cette
réfolution : ce fut le fort d'un des
paquets en chiffre , que nous vous
avions adreffés pour vous inftruire
de l'état des chofes. Nous l'avions
remis , trois femaines auparavant ,

entre

entre les mains de M. de Torcy,
& nous le croyions par conséquent
dans les vôtres, lorsque ce Ministre
me le renvoya (après, je croi, qu'il
eut été ouvert) avec des excuses de
ce qu'il n'avoit osé prendre sur soi de
lui donner cours.

La personne qui avoit été dépê-
chée, fut bientôt de retour. Voici la
réponse qu'elle apporta : * ,, Puisque
,, les affaires empiroient tous les
,, jours, & ne pouvoient devenir
,, meilleures en différant, nos amis
,, d'Angleterre avoient résolu de se
,, déclarer sans délai, & se tien-
,, droient prêts pour joindre le Che-
,, valier à son débarquement. Que sa
,, personne y seroit autant en sûreté
,, qu'en Ecosse; & que par toutes sortes

---

* *Landsdown donna cette réponse au nom de tous
ceux qui étoient dans le secret.*

,, de

,, de raisons il étoit plus à propos
,, de débarquer en Angleterre. On
,, avoit fait les plus grands efforts,
,, & on esperoit que les provinces
,, occidentales seroient en bonne
,, posture pour le recevoir. Enfin,
,, on indiquoit en géneral, le lieu où
,, il devoit descendre, c'est-à-dire,
,, aussi près de Plimouth qu'il seroit
,, possible.

Vous conviendrez que ce n'étoit
pas là une réponse de gens qui sçus-
sent trop ce qu'ils faisoient. Un peu
plus de précision eût été nécessaire,
en dictant un message qui devoit
avoir de si grandes conséquences ;
sur-tout, ce Gentilhomme n'ayant
pas manqué de leur dire que le Chevalier n'étoit pas en état de mener
avec lui assez de monde pour le
garantir d'être pris, même par le
premier

premier Connétable (*bb*). Nonobstant tout cela, le Chevalier partit
de Bar, & le Duc d'Ormond de
Paris. Quelques personnes furent
envoyées, les unes dans le nord
d'Angleterre, & les autres à Londres, pour annoncer qu'ils étoient
tous deux en chemin. Leurs routes furent arrangées de maniére,
que le Duc d'Ormond devoit faire
voile de la côte de Normandie,
quelques jours avant que le Chevalier arrivât à Saint-Malo, où le Duc
lui feroit promptement donner avis
de son débarquement. Deux Gentilshommes qui connoissoient le pays,
& qui étoient fort connus de tous
nos amis de ce côté-là, furent dépê-

(*bb*) C'est le titre qu'on donne en Angleterre, à des
Officiers, dont l'emploi répond à celui de nos Prévôts
ou Exempts.

II. Partie.   D   chés

chés devant, afin que les habitans
des Comtés de Devon & de Som-
merset, qui selon notre calcul,
étoient déja en armes, pussent être
avertis des signaux qui leur seroient
faits, & se tenir prêts à recevoir le
Duc d'Ormond.

Sur la côte de France le Duc,
avant de s'embarquer, apprit que
plusieurs de nos principaux amis
avoient été arrêtés d'abord après le
départ de la personne qui étoit venue
en dernier lieu de Londres, Que les
autres étoient tous dispersés, & la
consternation universelle. Il s'em-
barqua malgré ces mauvaises nouvelles; & sans être soûtenu que de
sa fermeté de tempérament, il vint
descendre au lieu marqué. Il fit plus
que son rôle, & il trouva que nos
amis avoient fait beaucoup moins
que le leur.   L'un

L'un des Gentilshommes qui l'avoient devancé, & qui avoit tra- versé une parrie de ce pays-là, vint le joindre sur la côte, & l'af- surer qu'il n'y avoit pas la moin- dre espérance d'exciter un soulé- vement. En un mot, on lui refusa le couvert dans un pays où l'on nous avoit dit qu'on étoit en bonne posture pour recevoir le Chevalier, & où le Duc se flatoit qu'on seroit accouru pour se join- dre à lui.

Il revint, après cette infructueuse expédition, aborder à la côte de Bretagne, où le Prétendant arriva de Lorraine à peu près dans le même temps. Ce que le Duc se proposoit dans la seconde tentative qu'il fit, aussi-tôt que son vais- seau fut remis en état, pour des-

 cendre

cendre encore dans la même partie
de l'Isle, c'est sur quoi j'avoue mon
ignorance. Je lui en écrivis alors
mon sentiment ; & j'ai toujours
crû que la tempête dans laquelle
il fut près de faire naufrage, &
qui le rejetta sur les côtes de France, le sauva d'un plus grand dan-
ger. C'étoit celui de perir dans une
équipée aussi pleine de témerité,
& aussi dénuée de raison, qu'aucune
de celles qui ont immortalisé le
Heros de la Manche.

Il ne restoit au Chevalier que
deux partis à prendre : l'un de re-
tourner à Bar, l'autre de passer
en Ecosse, où l'on avoit déja pris
les armes en sa faveur. Il se détermina pour le second. Il quitta la
Bretagne, où il avoit autant de
Ministres que de gens à sa suite,
&

& où il étoit continuellement étourdi de difputes fur ce qu'il y avoit a faire, dans des circonf-tances où réellement on ne pou-voit rien faire de raifonnable.

Il envoya devant pour faire tenir un Vaifleau tout prêt à Dun-kerque, & fit la traverfe par terre le plus fecrettement qu'il put.

Pendant que tout ceci fe paf-foit, j'étois refté à Paris pour tenter tous les moyens poffibles de lui procurer enfin quelques fecours; fans quoi il étoit évident, même pour ceux qui fe flatoient le plus, que l'affaire étoit fans reffource.

Auffi-tôt après le départ du Duc d'Ormond, pour le deffein dont j'ai parlé, & le retour de Mad. Trant, qui l'avoit accompagné une partie du chemin, on me fit prier de

de me rendre à une petite maison
près de Madrid dans le bois de
Boulogne , où elle demeuroit avec
Mademoiselle deChauffery,la même
avec qui le Duc d'Orléans l'avoit
mife. Ces deux perfonnes me firent
part de tout ce qui s'étoit paffé
pendant le féjour du Duc à Paris ,
& des efpérances qu'elles avoient
conçues de faire entrer le Régent
dans toutes les mefures néceffaires
pour appuyer les entreprifes , qui fe
faifoient actuellement en faveur du
Chevalier.

Par ce qu'elles me dirent d'abord ,
je vis qu'elles avoient été dans la
confidence ; & ce qui fe paffa dans
la fuite de notre commerce , me
prouva qu'en effet elles avoient
l'accès dont elles s'étoient vantées.
Tout ce que j'avois pù faire depuis

la

la mort du Roi , par les perſonnes
en place , & par les routes ordi-
naires , n'ayant produit que peu
ou rien , je réſolus enfin d'eſſayer
s'il y auroit quelque choſe à faire
par cette voie détournée. Je me
mis ſous la conduite de ces deux
directrices ; & ſans compter autant ſur elles que le Duc d'Ormond , je pouſſai leur crédit &
leur pouvoir auſſi loin qu'ils pouvoient aller. Je trouvai en effet un
langage plus doux , & de plus
grandes eſpérances qu'on ne m'en
avoit donné juſqu'alors. On me
remit entre les mains , pour l'envoyer en Ecoſſe , un billet ſigné
du Régent , écrit en apparence à
une Dame , mais qui , en l'expli-
quant , ſe trouvoit adreſſé au Comte
de Mar. Lorſque le Chevalier Areſ-
kine

kine vint pour solliciter du secours,
le Régent se laissa engager par ces
femmes à le voir ; mais il n'em-
porta rien de réel qu'une somme
en or , faisant partie de ce que
nous avions tiré d'Espagne , & qui
fut perdue avec le vaisseau sur les
côtes d'Ecosse. On avoit promis au
Duc d'Ormond des armes pour
sept à huit mille hommes ; on les
avoit tirées des magazins , & en-
treposées , je croi , à Compiégne :
je fis les plus grands efforts pour
obtenir que ces armes fussent envoyées sur la côte , & je me chargeai du transport ; mais ce fut en
vain. Enfin je ne vis bientôt pas
plus d'apparence de faire quelque
chose d'utile, que je n'en avois vû
avant d'entrer dans cette intrigue.

Je fus bientôt las d'un commerce

merce que le succès seul auroit pû
me rendre supportable , & je résolus
de ne me laisser plus amuser par
les prétextes qu'on me répetoit tous
les jours ; Que le Régent étoit personnellement prévenu contre moi ;
Qu'il falloit tâcher de l'engager
insensiblement & par degrés dans
nos mesures ; Que cela demandoit du temps , mais que nous en
viendrions certainement à bout ,
& que nous serions alors en état
de répondre à l'attente des Anglois
& des Ecossois. Le premier de ces
prétextes consistoit dans un fait
que j'avois peine à croire , sçachant
bien que je n'avois jamais donné à
son Altesse Royale la moindre
occasion d'adopter de pareils préjugés. Le second eût traîné l'affaire
en une longueur & une incertitude

II. Partie. E infinies.

infinies. Je pris mon parti, d'avoir
au plutôt une explication sur ce
qui me regardoit personnellement,
& une décision sur le reste : je ne
voulois plus souffrir , ni qu'on
trouvât dans ma conduite quelqu'excuse pour n'avoir rien fait , ni
que le salut de tant de braves gens
qui étoient alors aux mains en
Ecosse , dépendît du succès des projets de deux femmes.

Le fait dont le Régent m'accu-
soit , disoit-on , étoit d'être en
correspondance avec Mylord Stair ,
& d'avoir été une nuit chez lui ,
d'où je n'étois sorti qu'à trois heures du matin. Aussi-tôt que je le
sçus , je priai le Maréchal De Berwick de voir ce Prince de ma part. Il
lui dit que j'avois été extrêmement
touché d'apprendre en géneral , que
j'eusse

j'eusse eu le malheur de lui dé-
plaire ; que j'avois été instruit du
conte qu'on lui avoit fait , & auquel , disoit-on , il avoit ajoûté
foi ; que j'attendois de lui la justice qu'il ne refusoit à personne ,
qui étoit de me faire prouver cette
accusation ; & qu'en ce cas , je
consentois à passer pour le dernier
des hommes ; ou , si elle se trouvoit fausse , de reconnoître mon
innocence. Il répondit que la chose
lui avoit été rapportée par des gens
qu'il ne croyoit pas capables de le
tromper ; qu'il avoit depuis été
convaincu que c'étoit une fausseté ,
& que je devois être content de
sa façon de penser à mon égard :
mais qu'il avoit été surpris , qu'au
lieu de m'adresser à lui par la voie
du Maréchal D'Huxelles , j'eusse

E 2

mieux

mieux aimé traiter avec Mad. Trant,
& le reste ; car il nomma toute la
cabale , (excepté son Secrétaire
que je n'avois jamais vû chez Mademoiselle de Chaussery.) Il ajoûta
que ces gens , à mon instigation ,
lui rompoient la tête & l'en-
nuyoient à la mort , & qu'ils n'é-
toient pas faits pour être chargés
d'aucune affaire ; & il finit , en
donnant à quelques-uns d'eux les
plus rudes épithetes. Le Maréchal
lui répliqua que je recevrois avec
la plus vive satisfaction tout ce
qu'il avoit daigné lui dire pour
moi ; que si j'avois été en commerce
avec ces personnes , c'étoit tout-à-
fait contre mon inclination ; &
qu'enfin , si Son Altesse Royale ne
vouloit pas les employer , elle devoit être sûre que je me garderois
bien

bien d'avoir jamais recours à leur entremife. Dans une converfation que j'eus, peu de temps après, avec ce Prince , il me parla dans les mêmes termes qu'au Maréchal De Berwick. Je le quittai , très - mal édifié de fes intentions pour le Chevalier ; mais j'emportai du moins la fatisfaction de fçavoir de fa propre bouche , à qui je devois m'adreffer pour lui faire paffer mes demandes, & recevoir fes réponfes. En un mot , il défavoua toutes les petites cotteries politiques , & me défendit d'avoir aucun commerce avec elles.

Avant que je reprenne le fil de ma narration , permettez - moi de faire quelques réflexions fur ce que je viens de vous dire. Lorfque je rencontrai le Duc d'Ormond à fon retour

retour des côtes , il se crut obligé
de me faire quelques excuses pour
m'avoir caché pendant son séjour
un secret dans lequel j'avois été
initié en son absence. Celle dont
il se servit , fut que le Régent avoit
exigé de lui que je ne sçûsse rien
de cette intrigue. Vous observerez
que le récit précedent semble contredire cette assertion ; puisque , si le
Régent m'avoit exclu du secret ,
il étoit difficile de penser que ces
femmes eussent osé m'y admettre ,
ou que d'abord après le départ du
Duc , il leur eût permis de l'impor-
tuner de ma part , & de me rappor-
ter des réponses de la sienne. Je
suis toutefois bien éloigné d'ac-
cuser ce Seigneur d'avoir affirmé
une fausseté. Je croi que le Régent
lui prescrivit en effet cette condition.

tion. Je vous dirai ce que je com-
prends de ce petit manége , & cela
vous expliquera beaucoup de difficultés & de contradictions appa-
rentes.

Ce Prince , avec beaucoup d'esprit & de valeur , a dans son caractere toute l'irrésolution imaginable ;
& c'est peut-être l'homme du monde le moins capable de refuser
quelqu'un en face. De là , il étoit
arrivé que ces femmes , ainsi qu'une
infinité d'autres gens, l'avoient forcé
en quelque maniére , de dire & de
faire tout ce qu'il falloit , pour leur
donner l'air d'avoir auprès de lui
du crédit & de la confiance. Ce fut
cette apparence qui séduisit le Duc
d'Ormond , & dont j'oserois dire
qu'il n'est pas encore désabusé. Le
Régent n'avoit jamais eu l'intention
de

de rien faire, même indirectement,
en faveur du parti Jacobite. Son
interêt y étoit directement opposé ;
il le voyoit bien : mais la même
foiblesse le portoit à entretenir toujours quelques intelligences avec
le Chevalier. Cette indécision &
cette duplicité d'idées qui le fait,
pour ainsi dire, nager toujours
entre deux eaux, l'engagea vérita-
blement à voir le Duc d'Ormond,
mais ne le mena pas plus loin. Je
ne doute pas qu'il ne lui arrivât
dans cette occasion, ce que vous
aurez observé qui arrive à beaucoup
d'autres. Nous ne nous efforçons
pas seulement d'en imposer au
monde, mais encore de nous faire
illusion à nous-mêmes. Nous cher-
chons à nous déguiser notre foible,
& à nous persuader que des mesures

dans

dans lesquelles nous tombons natu-
rellement , par les imperfections
de notre caractere , sont des effets
de la prudence ou de quelqu'autre vertu. Ainsi le Régent qui vit
le Duc d'Ormond , parce qu'il ne
put résister aux importunités d'Oli-
ve Trant , & qui lui donna quelques
espérances , parce qu'il ne sçavoit
refuser personne , se figura sans
doute, que c'étoit un chef-d'œuvre
de politique pour souffler le feu de
la discorde , & tenir l'Angleterre
toujours embarrassée. Je ne croi pas
me tromper dans ma conjecture , &
c'est dans ce systême que je trouve
la clef de toute sa conduite à mon
égard. J'y découvre la raison qui le
détermina à m'exclure de son commerce avec le Duc d'Ormond , à
affecter un éloignement particulier

II. Partie. F pour

pour ma perſonne, & à éviter toute
relation avec moi, juſqu'à ce qu'enfin je forçai, en quelque ſorte, les
barriéres, & qu'il ne put plus me
tenir à la même diſtance, ſans ſe
départir de ſon premier principe,
„ d'entretenir toujours des intelli-
„ gences avec tout le monde. "
Alors il me jetta, ou me laiſſa, ſi
vous voulez, gliſſer dans les mains
de ces deux femmes ; & quand il vit
que je le ſerrois de trop près, même
par cette voie, il m'en retira pour
me rejetter dans le propre canal des
affaires, où je n'eus pas été long-
temps, que cette ſcéne d'amuſement
finit, comme vous allez le voir tout-
à-l'heure.

Le Chevalier Areskine me dit au
ſortir de ſa premiére audience du
Régent, qu'il avoit rappellé à ſon
Alteſſe

Alteſſe Royale l'encouragement qu'elle avoit donné au Comte de Mar, pour lui faire prendre les armes. Je n'en ai jamais rien ouï dire, que ce que M. Areskine m'en laiſſa échaper. Si le fait eſt vrai, vous voyez que le Géneral Ecoſſois avoit été amuſé par le Régent, mais qu'il y avoit eu un témoin. Le Géneral Anglois le fut à ſon tour ; & le Régent, cette fois-ci, jugea plus à propos de n'en point avoir. Quatre yeux voient mieux que deux. Je connoiſſois mieux que ce Duc, & l'enſemble du pays, & les caracteres particuliers, quoique cette Cour eût été d'abord étrangére pour moi, en comparaiſon de la précédente.

Une infinité de petites circonſtances, qu'on ſent mieux qu'on ne les explique, concouroient à me confir

mer

mer dans cette opinion. Celle qui me fit le plus d'impreſſion, & qui eſt, je croi, déciſive, la voici. Dans le même temps que le Régent traitoit avec le Duc d'Ormond ſous la condition expreſſe que je n'en ſçûſſe rien, deux perſonnes * du premier rang & du plus grand crédit dans cette Cour, à qui je faiſois les plus fortes inſtances en faveur du Chevalier, me jetterent dans la converſation, „que je devrois m'attacher „au Duc d'Orléans ; que dans les „circonſtances je pourrois avoir „beſoin de lui, & lui de moi. " On me lâcha quelques mots de penſion, d'établiſſement, & de faire ma paix en Angleterre. Je ne fis pas ſemblant d'entendre ce langage,

---

* *Le Maréchal D'Huxelles & le Marquis d'Effiat. Celui-ci m'offrit vingt mille livres ſterlin.*

parce

parce que je ne voulois pas rompre avec les personnes qui me le tenoient; & quand on vit que je ne voulois point saisir la chose, on la laissa tomber.

Je m'imagine que vous voyez à présent les motifs de la conduite du Régent. Pour ceux du Duc d'Ormond, je ne sçaurois les deviner. A son arrivée en France, je m'empressai de lui témoigner toute l'amitié & tous les égards possibles. Mes amis, ma bourse, & jusqu'à mon lit, tout fut à lui. J'allai plus loin; je fis pour lui tout ce qui touche le plus sensiblement les gens accoûtumés au faste. Je lui fis ma cour, & fus assidu à son lever. En retour de ce procédé, qui étoit un pur effet de ma bonne volonté, & auquel je n'étois tenu par aucun

devoir

devoir ni aucune obligation, j'ai lieu de soupçonner qu'il entra, au moins à demi, dans tout ce qui fut dit ou fait contre moi. Il se jetta aveuglément dans le piége qui lui fut tendu; & au lieu d'abbreger la négociation, comme nous aurions pû le faire de concert, il fournit à cette Cour-ci un prétexte pour ne point traiter avec moi jusqu'à la derniére extrémité, & il ne sçut tirer du Régent, ni le moindre secours pour le Chevalier, ni un refus positif d'en donner, quoiqu'il fût fatal pour la cause en géneral, & pour les Ecossois en particulier, de ne pas lui avoir arraché l'un ou l'autre.

Ce fut vers la fin de Décembre 1715. que le Chevalier fit voile pour l'Ecosse. La bataille de Dumblain

blain (*cc*) s'étoit donnée, & l'affaire de Preston (*dd*) étoit finie. Il n'y avoit plus la moindre apparence d'aucun mouvement en sa faveur parmi les Anglois ; & plusieurs des Ecossois qui s'étoient déclarés, commençoient à se refroidir pour la cause. Aucune espérance de succès ne pouvoit l'engager dans cette expédition ; cependant elle étoit devenue nécessaire pour sa réputation. Les Ecossois d'un côté, quoique

***

(*cc*) Le 13. Novembre 1715. le Comte de Mar commandoit l'armée Ecossoise, & le Duc d'Argyle celle du Roi George. La victoire fut équivoque, mais les suites décidérent en faveur du parti régnant.

(*dd*) La veille de la bataille de Dumblain, il y eut une autre affaire à Preston dans le nord d'Angleterre, entre la Noblesse Jacobite qui avoit pris les armes, & les Troupes du Roi commandées par les Généraux Will & Carpenter : six Lords y furent pris, dont deux (Derwentwater & Kenmure) eurent la tête tranchée. Des Gentilshommes non titrés, il y en eut beaucoup de pendus.

sans

sans raison, ce me semble, ne lui
épargnoient point les reproches pour
son retardement; & les François du
leur, étoient extrêmement empressés
de le voir partir. Quelques-uns qui
étoient peu au fait de ces affaires,
s'imaginoient que sa présence devoit
produire des effets miraculeux. N'en
soyez point surpris : tout voisins que
nous sommes, de cent François, à
peine s'en trouveroit-il un, qui en
sçût davantage sur l'intérieur de notre Isle, que sur celui du Japon. D'autres étoient impatientés de le voir
errer mystérieusement dans la France, & d'en essuyer à toute heure des
plaintes du Comte de Stair. D'autres
enfin, se flatoient que s'il ne faisoit
pas ses affaires en Ecosse, il y feroit
peut-être les leurs, en y prolongeant
quelque temps une guerre qui occu-
peroit

peroit notre Gouvernement , & dont le succès leur importoit peu. Incapables , par tempérament & par habitude , d'être fidéles à aucun principe , ils pensoient & agissoient de cette maniére , pendant qu'ils affectoient la plus grande amitié pour le Roi , & qu'ils desiroient réellement d'entrer avec lui dans de nouveaux engagemens plus intimes. Tandis que le Prétendant fut en France, ils ne pouvoient ni avouer, ni favoriser sa cause. S'il mettoit une fois le pied en Ecosse , ils faisoient esperer des secours indirects ; & s'il pouvoit se maintenir seulement dans un coin de l'Isle , ils étoient résolus de le traiter en Roi. * C'étoit leur langage avec nous. Vis-à-vis du Ministre

* *Discours de l' Abbé d'Etrées , depuis Archevêque de Cambray.*

II. Partie.   **G**   Bri-

Britannique , ils nioient , ils renon-
çoient , ils se parjuroient : & cependant la meilleure tête de leur Con-
seil , * à qui Milord Stair demandoit
ce qu'ils prétendoient faire, lui répondit, sans y songer, que leur intention
étoit de demeurer neutres. Je vous
laisse à penser comment cette bévue
fut prise.

Aussi tôt que j'eus reçu l'avis du
départ de Dunkerque , je renouvel-
lai & redoublai toutes mes sollicita-
tions. Je ne négligeai aucun moyen ,
je n'oubliai aucun argument de tous
ceux que mon esprit put me sugge-
rer. Vous avez déja vû sur quoi le Duc
d'Ormond avoit établi sa confiance ;
& je doute fort que le Comte de
Mar eût pû faire à ma place des dé-

---

* *Le Maréchal D'Huxelles.*

marches

marches plus efficaces. Je puis, sans
arrogance, me mettre en parallele
avec ce Seigneur, puisqu'il n'y avoit
rien dans la conduite de cette affaire
au deſſus du degré de capacité dont je
puis être doué ; rien de comparable,
ſoit en étenduë, ſoit en difficulté,
à la beſogne dont il avoit été le
ſimple ſpectateur, & moi le principal acteur, pendant que nous
étions enſemble Secrétaires d'Etat
ſous la feuë Reine.

Le Roi de France n'étant pas en
état de fournir par lui-même de l'argent au Chevalier, avoit écrit peu
de temps avant ſa mort, au Roi ſon
petit-fils, & en avoit obtenu une
promeſſe de quatre cents mille écus.
Le Tréſorier de la Reine à Saint-
Germain avoit reçu un à compte
ſur cette ſomme. Cet argent fut en-

 voyé,

voyé, partie en Ecoſſe , & partie
employé aux dépenſes journaliéres
qu'il falloît faire ſur les côtes. Je preſſai
vivement l'Ambaſſadeur d'Eſpagne
à Paris, & je fis ſolliciter Alberoni
par Lawleſs à Madrid. Je trouvai
même auprès de lui une autre voie *
plus ſecrette, & qui promettoit davantage. Je pris ſoin de m'aſſurer
d'un nombre d'Officiers tirés des
Régimens Irlandois au ſervice d'Eſpagne : leur route étoit marquée,
& j'avois envoyé un vaiſſeau pour
les tranſporter. L'argent vint ſi len-
tement, & par de ſi chétives ſom-
mes, qu'il ne fit guères de profit :
& les Officiers étoient encore en
chemin, lorſque le Chevalier revint
d'Ecoſſe.

----

* *Le Marquis Montj.*

On

On avoit fait, pendant l'été, quelques efforts pour engager le Roi de
Suéde à transporter de Gottenbourg
en Ecosse, ou dans le nord d'Angleterre, les Troupes qu'il avoit aux
environs de cette place. Il s'en étoit
excusé, non que la proposition lui
déplût, mais pour d'autres raisons.
Premiérement, parce que les seules
Troupes qu'il eût à portée, consis-
toient en Cavalerie; au lieu qu'on
avoit demandé de l'Infanterie, qui
en effet étoit la seule propre pour
ce service : en second lieu, parce
qu'une déclaration de cette espece tourneroit contre lui, tous
les Princes Protestans de l'Empire,
desquels il avoit encore quelqu'espérance d'être assisté : enfin, quoiqu'il sçût bien que le Roi de la
Grande Bretagne étoit son ennemi,

mi (*ee*), ils n'étoient pourtant pas
en guerre ; & ce dernier ne l'avoit
point encore attaqué aſſez ouverte-
ment, pour juſtifier une telle rupture.
Mais au temps dont je parle, ces
deux derniéres raiſons n'avoient plus
lieu pour le Roi de Suéde. Il avoit
été entiérement chaſſé de l'Empire,
il ne lui importoit plus guères de
ménager les Princes Proteſtans ; &
le Roi de la Grande-Bretagne venoit
de lui déclarer la guerre, comme

(*ee*) A cauſe des Duchés de Bremen & Werſen,
qu'il avoit achetés, ou pris en ſequeſtre du Roi de
Dannemark, pour quarre cents mille Riſdales de la
dépouille de Charles XII. Celui ci ne put digerer ce
procedé inique de la part d'un Prince ſon allié, à
qui il n'avoit jamais donné aucun ſujet de plainte :
& George, à ſon tour, fit tout ce qu'il put pour le
mettre hors d'état de s'en veriger jamais. Cette ac-
quiſition faite par l'Electeur d'Hanover, coûta depuis
beaucoup d'inquiétudes au Roi d'Angleterre, & plus
encore d'argent à la Nation Britannique.

Electeur

Electeur d'Hanover. Je repris donc
cette négociation. Le Régent sem-
bloit y vouloir entrer ; il donna de
bonnes paroles au Baron de Sparre,
qui le pressoit de son côté, autant
que moi du mien ; & il lui promit,
outre le payement des arrerages du
subside dûs à la Suéde, une avance
sur le champ, de cinquante mille
écus pour cette entreprise. Il tint en
bottes fort long-temps l'Officier qui
devoit être dépêché ; tantôt, parce
que son crédit étoit, disoit-il, si
bas, qu'il ne pouvoit trouver des
Lettres de change pour cette somme ; tantôt, sous quelqu'autre prétexte ; si bien, qu'enfin par ces délais,
il trouva le moyen d'éluder sa promesse. Les François nous déclarerent
avec beaucoup de franchise, qu'ils
ne nous donneroient ni troupes ni
argent.

argent. Ils nous firent encore esperer des armes, des munitions & de
la connivence. Ils nous auroient
peut-être tenu parole sur le dernier
article : mais de quoi nous auroit-il
servi, lorsque par une infinité de
de petits stratagêmes ils évitoient
de nous fournir le reste, sçachant
bien que nous n'étions pas en état
de nous en pourvoir par nous-mêmes ? J'avois formé le dessein d'engager des Corsaires François au service du Prétendant. Ils auroient
d'abord transporté dans leur premier
voyage, tout ce que nous aurions eu
à faire passer dans la Grande-Bretagne, & ensuite ils auroient croisé
sous sa commission. J'avois traité avec
quelques-uns, & je pouvois, quand
je voudrois, faire avec d'autres le
même marché. La Suéde d'un côté,

&

& l'Ecoſſe de l'autre, leur auroient fourni des retraites; & ſi l'on avoit pû ſoûtenir la guerre dans quelque coin des montagnes, je conçois que l'exécution de ce deſſein auroit pû être d'un très-grand avantage pour le Prétendant. Il manqua, parce qu'aucune autre partie de l'ouvrage ne fut pouſſée avec vigueur, & que celle-ci ne pouvoit s'exécuter ſeule. Le Prétendant ne fut pas en tout plus de ſix ſemaines dans ſon expédition d'Ecoſſe, & il auroit fallu achever tout cela pendant ſon abſence.

Je n'avois pas eu grande opinion de mon ſuccès avant ſon départ : mais quand il eut fait le dernier pas qu'il étoit en ſon pouvoir de faire, j'avois réſolu de ne plus ſouffrir que lui, ni les Ecoſſois, fuſſent davantage les dupes de leur crédulité, & des

II. Partie.   H   ſcan-

scandaleux artifices de cette Cour.
Il seroit ennuyeux d'entrer dans un
long récit de toutes les peines inutiles
que je me donnai. Pour finir cependant, je saisis l'occasion d'une con-
versation particuliére avec le Maréchal D'Huxelles. Je lui déclarai que
je ne voulois pas servir d'instrument
pour amuser les Ecossois ; & puisqu'il
n'étoit pas en mon pouvoir de leur
rendre d'autre service, je voulois au
moins les désabuser de l'espoir d'un
secours de la France. J'ajoûtai que
je leur enverrois des vaisseaux qui
serviroient, avec ceux qui étoient
déja prêts sur les côtes d'Ecosse, à
ramener le Prétendant, le Comte
de Mar, & autant de monde qu'il
seroit possible. Le Maréchal approuva ma résolution, & me conseilla
de l'exécuter, comme l'unique chose
qui

qui me restoit à faire. Dans cette
occasion, il ne me montra aucune
réserve, il s'expliqua très-claire-
ment ; & néanmoins, dans le même
instant on obtint, ou l'on prétendit
avoir obtenu la promesse d'un ordre
du Régent pour faire rendre à Castelblanco le dépôt d'armes & de
munitions appartenant au Chevalier, qui avoit été mis au Havre dans
les magazins du Roi, lorsque l'A-
miral Byng vint dans cette rade pour
les demander. Castelblanco est un
Espagnol qui a épousé une fille de
Mylord Melford, & qui, à ce titre,
prétendoit aussi se mêler des affaires
d'Angleterre. Je ne sçaurois vous
dire au juste à qui dut être attribué
l'honneur d'avoir obtenu cette promesse ; si ce fut à lui, à la *Junte* du
Bois de Boulogne, ou à quelqu'au-

tre

tre des négociateurs du parti. Je
suppose que chacun d'eux voulut
avoir sa part du mérite. Le projet
étoit, que ce dépôt seroit délivré à
Castelblanco ; qu'il s'engageroit par
sa reconnoissance à le faire passer
en Espagne, & de-là aux Indes occidentales ; que je fournirois le vaisseau, lequel paroîtroit acheté ou
freté par Castelblanco, & qui, dès
qu'il seroit en mer, seroit voile directement pour l'Ecosse. Vous croyez
bien que je ne comptai pas beaucoup sur l'effet de cet ordre. Accoû-
tumé cependant, comme je l'étois, à
concourir à des mesures dont je
connoissois l'inutilité, je me prêtai
encore à celle-ci. Toutes les mesures furent de ma part si bien prises,
que dans quinze jours le vaisseau
fut prêt à mettre à la voile, sans le
moindre

moindre foupçon qu'il appartînt au Chevalier.

Comme cet évenement n'avoit fait aucun changement dans mon ôpinion, il n'en fit pas non plus dans les dépêches que je préparois pour l'Ecoffe. J'y rendois compte au Prétendant de tout ce qui étoit ici en négociation. Je lui expliquois ce qu'il pouvoit efperer en temps & lieu, s'il étoit en état de fe maintenir dans les montagnes, fans le fecours qu'il demandoit à la France, & dont je lui difois tout net qu'il attendroit en vain la moindre partie. Mais ces dépêches ne parvinrent jamais entre fes mains. Lorfque le Gentilhomme que j'en avois chargé, arriva fur la côte, le Chevalier avoit déja quitté l'Ecoffe ; il mit pied à terre à Gravelines, vers la fin de Février ;

Février ; & le premier ordre qu'il donna, fut d'arrêter tous les vaisseaux qui alloient pour son service dans le pays d'où il venoit.

Je le vis le matin de son arrivée à St Germain ; il me reçut à bras ouverts. Dès que j'avois sçû son retour, j'en avois donné part à la Cour de France. On n'en fut pas peu embarrassé. Le premier mot que me dit là-dessus le Maréchal D'Huxelles, fut que le Chevalier devoit se rendre à Bar avec toute la diligence possible, & prendre possession de son ancien asyle en Lorraine, avant que le Duc eût le temps de le prier d'en chercher un autre. L'objet de ce propos, étoit de l'engager à sortir incessamment du Royaume. Je n'en étois pas éloigné, pour plusieurs raisons. Rien ne pou-

voit

voit être plus défavantageux pour
lui, que d'être obligé de paffer les
Alpes, ou de réfider en-deçà dans
un territoire Papal. Avignon étoit
déja nommé pour fa retraite, dans
toutes les converfations; & je ne fçai
fi ce n'avoit pas toujours été fon
deffein, depuis fon départ d'Ecoffe.
J'imaginois qu'en furprenant tout-
d'un-coup le Duc de Lorraine, nous
pourrions fournir une excufe à ce
Prince auprès du Roi & de l'Empe-
reur, traîner l'affaire en longueur,
& gagner du temps, pour ménager
au Chevalier quelqu'autre retraite
que celle d'Avignon. A l'égard du
Duc, nous n'avions pas lieu de révo-
quer en doute fa bonne volonté; &
fur ce que me dit à Paris, quelque
temps après, le Prince de Vaude-
mont, je fuis porté à croire que cela
nous

nous auroit réuſſi. Dans les évene-
mens on n'a jamais tort de tenter
tous les expédiens; & s'il avoit enfin
été indiſpenſable d'aller à Avignon,
le Prétendant y ſeroit allé de meilleure grace , après avoir fait aux
yeux de l'univers tout ce qu'il auroit pû pour l'éviter.

Je ne le trouvai pas dans des diſ-
poſitions à ſe preſſer ſi fort : il avoit
au contraire une idée de reſter
quelque temps à St Germain & aux
environs de Paris , pour avoir avec
le Régent une entrevuë particuliére.
Il me renvoya à Paris pour la ſolliciter : je le ſervis à ſa mode; j'écrivis, je parlai au Maréchal D'Huxelles. Il me répondit de bouche &
par écrit, & me refuſa de toutes les
façons. Je me ſouviens qu'il m'ajoûta
cette circonſtance, qu'il avoit trouvé
le

le Régent au lit, & qu'il lui avoit rendu compte de ce que le Chevalier désiroit ; que le Régent s'étoit levé fort en colére, lui avoit répondu que c'étoient des puérilités, & juré qu'il ne vouloit point le voir. Je retournai à St Germain, sans avoir pû réussir dans ma commission ; & j'avoue que ce mauvais succès ne me parut pas un fort grand malheur.

Je ne quittai le Prétendant qu'à deux ou trois heures du matin. Il avoit acquiescé à la détermination du Régent, & déclaré qu'il partiroit sur le champ pour la Lorraine. Ses malles étoient faites, sa chaise demandée pour cinq heures, & moi envoyé à Paris pour dire au Ministre qu'il étoit parti. Il me demanda quand je pourrois le suivre, me

II. Partie. I donna

donna des commissions pour diver-
ses choses qu'il souhaitoit que j'en-
voyasse après lui : en un mot, jamais
Italien n'a embrassé avec plus de
marques d'affection & de confiance
l'homme qu'il alloit poignarder.

Au lieu de prendre la poste
pour la Lorraine, il alla à la petite maison du Bois de Boulogne,
où demeuroient ses Ministres fe-
melles, & il y resta quelques jours
à se *cachoter*, s'amusant de l'air de
mystere & d'affaires qu'il s'y donnoit, & négligeant la seule affaire
réelle qu'il pût avoir alors. Il y
vit les Ministres d'Espagne & de
Suéde : je ne sçai s'il vit le Duc
d'Orléans, cela se peut bien. S'être
laissé aller par importunité à une
démarche, qui au fond ne signi-
fioit rien, & qui donnoit à la cabale

bale un air de crédit & d'importance, reſſembleroit aſſez à la faci-
lité de ſon Alteſſe Royale.

Le Jeudi ſuivant, le Duc d'Ormond vint me voir. Après le com-
pliment ordinaire en pareille occa-
ſion, il me remit entre les mains
un billet pour lui, & un autre petit
papier qui m'étoit adreſſé. Ces deux
piéces étoient de la main du Chevalier, & datées du Mardi précedent, pour me faire croire qu'elles
avoient été écrites de la route, &
envoyées au Duc. Il me gliſſa dans
la converſation, avec beaucoup de
dexterité, toutes les inſinuations
propres à me confirmer dans cette
opinion. Je ſçavois que ſon maître
n'étoit pas encore parti. J'eus ainſi
deux ſcénes riſibles ; l'une, de le
voir ſe donner bien de la peine

 pour

pour me faire un secret d'un rien ;
l'autre, de lui laisser croire que j'en
étois la dupe, pendant que je sçavois ce qui en étoit, aussi-bien que
lui.

Je ne puis me rappeller précisément les termes de ces deux écrits.
Je me souviens seulement que je
ne pus m'empêcher de sourire au
style impératif & laconique de
l'un, sur-tout à cette expression,
*qu'il n'avoit plus besoin de mon
service.* L'autre étoit un ordre de
remettre tous les papiers de mon
département, qui se trouveroient
dans mes bureaux : ils auroient
tous tenu dans un porte-lettre de
moyenne grandeur. Je remis au Duc,
avec les Sceaux, ceux que je trouvai sous ma main, & j'envoyai
ensuite au Chevalier tout le reste
de

de ceux que je n'avois pas brûlés : j'eus même l'attention de lui faire paſſer, par mains ſûres, des lettres qu'il n'auroit pas été à propos pour lui de laiſſer voir au Duc. Je ſuis ſurpris que le Prétendant n'eût pas fait la moindre réflexion ſur les conſéquences de ce qui ſeroit arrivé, ſi je lui euſſe obéi littéralement. Il dépendoit de moi de montrer à ſon Géneral, l'opinion qu'il avoit de ſa capacité. Je mépriſai l'eſpece de petite vengeance que ce tour m'auroit procurée, & ne voulus pas paroître piqué, étant bien-loin de reſſentir le plus leger chagrin. De même que j'avois rendu ſans difficulté tous les papiers que j'avois au Chevalier, je me fis un point d'honneur de ne point redemander ceux qu'il avoit à moi. Je me contentai

de

de faire sentir au Duc, combien il étoit superflu de s'y prendre avec moi de cette maniére, après le marché que j'avois fait en m'engageant ; & je saisis cette premiére occasion, pour déclarer que je ne voulois plus avoir rien à démêler ni avec le Prétendant, ni avec sa cause.

Afin d'éviter d'être ni questionné, ni cité dans la plus curieuse & la plus causeuse de toutes les Villes du monde, je racontai à trois ou quatre amis ce qui s'étoit passé ; & je sortis très-peu, pendant quinze jours, d'un petit logement qui étoit fort retiré. Au bout de ce temps-là, le Maréchal De Berwick vint me voir : il me demanda à quoi je songeois de rester ainsi enfermé, tandis que mon nom étoit publié à son

son de trompe dans toutes les com-
pagnies, & les histoires les plus in-
fames, débitées sur mon compte.
Ce premier avis ne fut pas le seul.
Je parus aussi-tôt dans le monde,
& je trouvai qu'il étoit fondé.
J'appris même que les gens attachés
au Duc d'Ormond & au Comte de
Mar, étoient ceux qui avoient crié
le plus haut.

On cita en détail plusieurs occa-
sions dans lesquelles j'avois manqué : & comme c'étoit la mode parmi les Jacobites, d'affecter d'être
dans le secret, on trouva une mul-
titude de témoins & de garans pour
des faits qui, s'ils eussent été vrais,
n'auroient pû être sçus que de trois
ou quatre personnes.

Cette méthode de battre en ruine
la réputation d'un homme avec du
bruit

bruit & de l'impudence, en imposa
d'abord au public : elle parut con-
vainquante à des gens qui ne me
connoissoient pas, & ébranla même
mes amis; mais dans peu de jours,
elle se trouva sans effet. La mé-
chanceté étoit trop grossiére, pour
être à l'épreuve de la réflexion : ces
prétendues histoires se trouverent
détruites presqu'aussi-tôt que pu-
bliées, précisément par les détails
qui en faisoient l'ornement.

Ils débiterent, par exemple, que
j'avois diverti à mon usage une très-
grosse somme de l'argent du Chevalier, pendant qu'il étoit de noto-
riété publique que j'en avois beaucoup dépensé du mien à son service, & que je n'avois jamais voulu
lui avoir obligation d'un sol. Sur ce
fait, il me fut facile d'en appeller à
un

un très-honnête homme, c'est le Tréforier de la Reine à St Germain, par les mains duquel, & non par les miennes, paffa le peu d'argent qu'a-voit le Chevalier.

On avança que pendant fon féjour en Ecoffe, il n'avoit jamais eu de mes nouvelles. Il étoit cer-tain cependant, que je ne lui avois pas dépêché moins de cinq exprès, durant les fix femaines de fon expé-dition : il me fut auffi aifé de le prouver, par les perfonnes mêmes à qui mes dépêches avoient été confiées.

Ces menfonges & d'autres fem-blables qu'on vouloit établir fur des faits particuliers, furent bientôt réfutés par d'autres faits contradic-toires, & n'eurent pas le temps, du moins à Paris, de faire aucune

II. Partie. K im-

impreſſion. Mais le principal crime
dont on m'accuſoit alors , & ſur
lequel on a inſiſté depuis, eſt d'une
autre nature. Cette partie de l'accu-
ſation eſt générale ; elle ne peut être
réfutée , qu'en faiſant ce que j'ai fait
ci - deſſus ; en déduiſant pluſieurs
faits , en les combinant & en rai-
ſonnant ſur ces combinaiſons ; &
qui pis eſt , ſans faire mention de
certains faits qu'il me ſeroit permis ,
mais pas prudent, de divulguer dans
les circonſtances où je me trouve ,
on m'accuſoit d'avoir *affamé* pour
ainſi dire , la guerre en Ecoſſe ; on a
prétendu qu'elle auroit pû s'y ſoûtenir , & même avec ſuccès , ſi j'avois
procuré les ſecours qu'on me demandoit , que dis-je ? ſeulement un
peu de poudre. A cette allégation ,
les Jacobites qui affectent le plus

de

de candeur & de modération , plient les épaules. ,, Cela est fâcheux , ,, disent-ils : mais Mylord Boling- ,, broke ne pourra jamais s'en ,, laver ; car il auroit pû obtenir ces ,, secours : & la preuve , c'est qu'ils ,, ont été obtenus par d'autres. " Ils en laissent la cause, douteuse entre la trahison & l'incapacité ; & le Prétendant, avec toute la fausse charité & la malice réelle de quelqu'un qui affiche la dévotion , attribue tous ses malheurs à ma négligence.

Les lettres qui furent écrites en Angleterre , il y a plus d'un an , par mon Secrétaire , les notes marginales qui ont été mises à la lettre écrite contre moi d'Avignon, & ce que j'ai dit plus haut , ont mis cette affaire dans le plus grand jour. Je ne

 puis

puis toutefois, m'empêcher d'ajoûter
ici quelques réflexions sur ce triste
sujet : elles sont même nécessaires,
dans le dessein que j'ai de faire servir
ce discours à ma justification, à
présent auprès des Toris, & quelque
jour aux yeux de l'univers.

Il n'est rien que mes ennemis
appréhendent autant que ma justification ; & ils ont raison : mais ils
peuvent se consoler, en faisant réflexion que ce sera toujours un malheur pour moi, qui m'accompa-
gnera jusqu'au tombeau, d'avoir
souffert qu'un enchaînement d'accidens m'ait entraîné dans de telles
mesures & dans une telle compagnie ; que j'aie été obligé de me
défendre contre de tels accusateurs,
& de telles accusations ; qu'en m'as-
sociant avec tant de folie & de four-
berie,

berie, je fois devenu la victime de toutes deux (quoique j'aie eu encore plus à fouffrir de la premiére, puif-qu'en affaires il vaut mieux dépen-dre de fripons que de fots;) & que je leur aie fourni les moyens de me charger comme *le bouc émiffaire*, de toutes les pernicieufes confé-quences d'une telle conduite.

Dans la premiére lettre que je reçus du Comte de Mar , il me parloit d'armes , de munitions , d'argent , d'Officiers & de troupes, auffi cavaliérement , que fi tout cela eût été prêt , & que je me fuffe engagé à le lui fournir , avant qu'il levât l'étendard. Il ne pouvoit cependant ignorer notre fituation , & vous avez vû que je fis tout ce que je pûs pour l'empê-cher de compter fur aucun fecours

de

de ce côté-ci. A mesure que nos
espérances baissoient , ses demandes augmentoient. Quand il fut
visible que le Régent ne vouloit
rien faire , même indirectement ,
en faveur des Ecossois ; alors précisément le Comte de Mar écrivit
pour demander des troupes réglées
& un train d'artillerie , ce qui étoit
en effet , exiger que la France entrât
pour eux en guerre ouverte. Je
pouvois en réponse , lui demander
ce qu'il avoit fait en Ecosse ; &
quel avoit été son projet, d'entraî-
ner ses compatriotes à la guerre
dans ce temps & sur ce pied-là ?
lui, qui avoit dicté peu auparavant
le memoire dont j'ai parlé plus
haut , où il demandoit avant de
rien entreprendre , tant de choses,
qu'il n'avoit pas eues ni pû esperer
d'avoir ,

d'avoir , & où il exageroit les conféquences funeftes de l'entreprife, fi elle venoit à manquer : J'aurois pû, dis-je, lui demander pourquoi il l'avoit commencée , après que la découverte du deffein & la mort du Roi de France nous eurent ôté toute efpérance & du dedans & du dehors.

Au lieu de prendre ce parti qui auroit été le plus fage , je préferai le plus plaufible. Je réfolus de contribuer de tout mon pouvoir à foûtenir l'affaire , puifqu'elle étoit engagée. J'encourageai le Comte de Mar , tant que je vis le moindre fondement à le faire. Je confirmai le Chevalier dans la réfolution de paffer en Ecoffe , quand on ne lui eut plus laiffé d'autre opération pratiquable. Si j'ai eu quelque chofe chose à me reprocher durant le cours de cette guerre, c'est d'avoir encouragé trop long-temps le Comte de Mar ; mais si j'avois abandonné la cause, & que je lui eusse écrit que tout étoit désesperé, avant que cette Cour se fût expliquée, aussi clairement qu'elle le fit depuis par la bouche du Maréchal D'Huxelles, il est aisé de voir quel tour on auroit donné à cette conduite.

La vraie cause de tous les malheurs qui arriverent aux Ecossois, & à ceux qui prirent les armes dans le Nord d'Angleterre, fut leur précipitation à se mettre en mouvement, contre le projet même que leurs conducteurs avoient formé. L'excuse qu'on a donnée pour cela, c'est que l'acte du Parlement

pour

pour réprimer & mieux assujetir les Montagnards, étoit prêt à mettre en exécution; qu'ils auroient été désarmés & hors d'état de se soulever dans une autre occasion, s'ils avoient manqué celle-là. Vous pouvez juger mieux que moi, de la validité de cette excuse. Il me semble pourtant qu'ils auroient pû gagner du temps, ou qu'au pis aller, ils auroient dû alors s'assembler, sous prétexte de résister aux infractions de l'*union* (*ff*), sans faire aucune mention du Prétendant, & traiter sur ce pied-là avec le Gouvernement. Par ces moyens, ils se seroient vrai-semblablement conservés en état d'avouer leur des-

____

(*ff*) Acte du Parlement en 1707. pour réunir les deux Royaumes d'Angleterre & d'Ecosse, sous le nom de Grande-Bretagne.

II. Partie. L sein,

sein , dès qu'ils auroient été sûrs
d'être secourus ; ou ils auroient toujours été à temps de se déclarer
pour le Chevalier , lorsque tous les
autres expédiens leur auroient manqué. En un mot , au lieu de ce prétexte , je trouve la raison de cette
conduite dans la témérité du peuple , & dans l'inconsistence des
mesures du Chef.

Mais en admettant cette excuse ,
il restera toujours une vérité incon-
testable , que cette précipitation a
été la vraie source de *ces eaux
d'amertume* , à laquelle ont bû
tant de malheureux. A qui en est
la faute ? Est-ce à moi , qui n'avois
encore aucune part dans ces affaires , quelques semaines avant que
le Duc d'Ormond fut forcé de quitter l'Angleterre , & que la découverte

verte d'un projet d'invasion, fut dé-
clarée au Parlement & au public ?
ou à ceux qui dès l'origine avoient
été à la tête de l'entreprise ?

Dans l'impossibilité de défendre
ce point , la derniére ressource des
Jacobites est l'impudente assertion ,
que nonobstant tout le désavan-
tage avec lequel ils avoient pris les
armes , ils auroient réussi avec les
secours indirects qu'ils avoient de-
mandés à la France , s'ils avoient
pû les obtenir ; qu'au moins , ils
auroient été en état de se défendre
dans les montagnes , si je leur avois
envoyé de la poudre. C'est m'atta-
quer avec de bien mauvaises armes. On avoit d'abord demandé
bien autre chose que de la poudre ,
lorsque le Chevalier passa en Ecosse:
armes , troupes , artillerie , &c. Lui

& le Comte de Mar jugerent tous deux, qu'il étoit impossible de s'y soûtenir autrement. Combien donc est-il scandaleux qu'ils laissent débiter dans le monde par leurs adhérens, que, faute de ce peu de poudre, je les ai forcés d'abandonner l'Ecosse! Le Comte de Mar sçait fort bien que toute la poudre de France ne l'auroit pas mis en état de rester à Perth aussi long-temps qu'il le fit, s'il n'avoit pas eu une autre sûreté; & quand elle lui manqua, qu'il auroit fallu quitter la partie, quand même le Régent nous auroit donné tout ce qu'il avoit fait esperer à quelques-uns des nôtres.

Mais pour finir sur un sujet qui commence à me fatiguer, & peut-être vous aussi, les Jacobites affirment

ment que j'aurois pû obtenir les
assistances indirectes qu'ils dési-
roient ; & j'avoue que si le fait est
vrai , je suis inexcusable. Pour le
prouver, ils en appellent aux petits
Politiques dont j'ai parlé si souvent.
Je soûtiens au contraire , que je
n'ai pû rien obtenir , ni pour aider
les Ecossois , ni pour encourager les
Anglois : & pour prouver mon assertion , j'en appelle aux Ministres
avec qui j'ai négocié , & au Régent
lui-même. Quelque langage dif-
férent qu'il ait pû tenir à d'autres
dans le particulier , il ne sçauroit,
vis-à-vis de moi , contredire ce
que j'avance. Il m'avoit exclus
d'abord , pour éviter plus facilement de faire quelque chose ; &
peut-être même , il m'a blâmé depuis , pour s'excuser de n'avoir rien
fait.

fait. Quoi qu'il en ſoit , il ſera toujours vrai qu'il ne ſe ſeroit jamais
laiſſé engager à agir directement
contre ſon interêt , dans le ſeul
point de vuë qu'il a , & contre le
ſentiment unanime de tous ſes Mi-
niſtres. Suppoſons que du temps de
la feuë Reine , lorſquelle avoit la
paix en vuë , un parti formé en
France ſe fût adreſſé , pour implorer
ſa protection , à des femmes d'intrigue , des gens de Robe obſcurs ,
des Eccléſiaſtiques du bas ordre , &
des Militaires ſans conſidération ;
quel ſuccès penſez-vous qu'euſſent
pû avoir leurs ſollicitations ? La
Reine leur auroit répondu avec
bonté ; elle ne parloit autrement à
perſonne : mais vous imaginez-vous
qu'elle eût fait un pas en leur faveur ? Tels étoient pour le rang ,

le

le crédit & le caractere , les gens
qui jouoient ici le même rôle dans
les affaires du Prétendant ; & la
scéne que je suppose en Angleterre , n'eût pas été plus ridicule , que
ce qui s'est réellement passé ici.

Je ne dis rien des vaisseaux que
les Jacobites prétendent avoir en-
voyés en Ecosse , trois semaines ou
un mois après le retour du Prétendant. Je croi qu'il y eut alors de la
connivence de Mylord Stair , aussi-
bien que du Régent. Je ne dis rien
non plus , de l'ordre qu'ils prétendent avoir obtenu de lui , (& que
je ne vis jamais) pour faire délivrer
à Castelblanco les effets saisis au
Havre. J'en ai déja dit assez sur ce
point ; & vous n'aurez pas manqué
d'observer , que cette signalée faveur , si le fait est vrai , ne fut

accordée

accordée qu'après la déclaration du
Maréchal D'Huxelles , qu'il n'y
avoit plus rien à esperer de la
France ; & que tout ce qui me restoit à faire , étoit de m'employer
pour retirer d'Ecosse le Prétendant , le Comte , & leurs adhérens les plus exposés.

Lorsque je commençai à paroître dans le monde , sur les avis
qu'on me donna des bruits qui cou-
roient , vous jugez bien que je
n'eus garde d'entrer dans autant de
détails que je viens de le faire avec
vous. J'en dis même beaucoup
moins , que vous n'en avez vû dans
les lettres que *Brinsden* * écrivit
en Angleterre , il y a un an ; & cependant ces bruits tomberent aussi-
tôt : les personnes de quelque consi-

------

* Son Secrétaire.

dération

dération dans cette Cour s'em-
preſſoient de les détruire ; & celle
de St Germain en fut ſi honteuſe,
que la Reine jugea à propos de
déclarer qu'elle n'avoit eu aucune
part aux diſcours tenus contre moi,
ni même été dans le ſecret de la
réſolution qui les avoit occaſion-
nés. Je vis tout l'avantage que me
donnoient le Prétendant & ſon
Conſeil, en travaillant pour moi
mieux que j'en aurois fait moi-même ; mais je vis bien auſſi, que je
devois le mettre en œuvre avec
une extrême précaution.

Comme je n'avois jamais ima-
giné qu'il dût me traiter de la ſorte,
j'avois réſolu de le ſuivre, juſqu'à
ce que ſa réſidence fût fixée quelque part : après quoi, ayant ſervi les
Toris dans ce que je regardois

II. Partie.　　　M　　comme

comme leur dernier effort, & le Prétendant jusqu'à la fin du terme, pour lequel je m'étois embarqué avec lui, je me serois crû en liberté de prendre mon congé le plus civilement qu'il m'eût été possible. En quittant ainsi, je serois resté dans une étrange situation le reste de ma vie ; mais je m'étois examiné à fond, & j'y étois préparé.

D'un côté, il auroit pû se croire toujours en droit de me tirer de ma retraite à la première occasion. Les Toris auroient vrai-semblablement pensé de même : mon parti étoit pris de refuser tous les deux, & je prévoyois que tous les deux me condamneroient. De l'autre, la considération d'avoir été dans son parti, m'auroit fait une espece de point

point d'honneur , par lequel j'aurois
été lié , du moins affez , pour ne
pouvoir ni m'engager jamais contre
lui , ni même faire ma paix en
Angleterre. Le Chevalier coupa ce
nœud gordien , il brifa la chaîne
de mes premiers engagemens , &
me rendit ma liberté entiére. Je
pris dès ce moment la réfolution
de faire ma paix , & d'employer la
malheureufe expérience que j'avois.
acquife hors de ma patrie , pour
détromper mes amis , & contribuer
ainfi au rétabliffement de l'union
& de la tranquillité.

Pendant que j'étois encore engagé avec le Prétendant , le Comte
de Stair avoit reçu un plein pouvoir pour traiter avec moi. Il
m'avoit fait la juftice de me croire
incapable d'écouter alors aucune
M 2   propofition ;

proposition ; & quelqu'amitié qui nous unît, nous n'eumes pas en- semble la moindre correspondance durant tout ce temps-là. Aussi-tôt après, il chargea quelqu'un * de me faire part des dispositions de Sa Majesté à m'accorder mon par- don, & du desir qu'il avoit en particulier de me servir dans cette occasion. Je saisis l'offre comme je le devois (*gg*) : je lui dis mon vrai sentiment; Que je me croyois obligé en honneur & en conscience de désabuser mes amis en Angle-

---

* *M. Saladin de Genève, alors à Paris.*

(gg) On trouvera à la fin de ces Memoires une lettre de Mylord Stair écrite de sa propre main à M. Craggs, l'un des seconds Secrétaires d'Etat. On ne doit pas être surpris de la voir écrite en François. George I. ne sçavoit point l'Anglois ; & ceux de ses Ministres qui pouvoient écrire en François, faisoient, pour sa commodité, leurs dépêches en cette langue.

terre,

terre , tant fur l'état des affaires au dehors , que fur la manœuvre du parti Jacobite dans les pays étrangers , & fur les caracteres des perfonnes qui le compofoient ; Tous articles fur lefquels je fçavois Qu'ils avoient été aufli grofliére- ment que dangéreufement trompés ; que le procedé du Prétendant à mon égard juftifieroit cette conduite aux yeux de l'univers ; Que fi je devois paffer en exil le refte de ma vie , je n'en aurois pas davantage aucune liaifon avec lui , ni avec fa caufe ; & que , fi j'étois rétabli , je pourrois lui porter un coup ef- fectif en faifant mon apologie , puifqu'il m'avoit mis dans le cas de la faire ; Que par-là , je pouvois me flater de contribuer en quelque chofe à mieux établir le gouvernement

ment du Roi , & l'union entre ses
sujets ; mais que c'étoit là tout ce
dont je pouvois me faire un mérite ; Que si la Cour me croyoit
sincere, un traité paroissoit inutile ;
Que si elle ne l'étoit point , il seroit dangereux pour moi ; Que
j'étois résolu à ne pas faire un pas
dans toute cette affaire , que je ne
pusse avouer à la face de l'univers ;
Que dans d'autres circonstances ,
un procedé honnête auroit pû suf-
fire ; mais que dans celle-ci il en
falloit un , dont la netteté fût assez
manifeste pour en écarter même
toute ombre d'équivoque.

Le Comte de Stair entra dans
mon sentiment , aussi-bien que
M. Craggs qui arriva peu après en
France. J'ai lieu de croire que le
Roi l'approuva , puisqu'il m'a fait

donner

donner les plus gracieuses assuran-
ces de sa faveur. Quel en sera l'effet
dans la prochaine session du Parlement, ou dans une autre ? c'est
ce que je ne sçai pas ; mais enfin
c'est sur ce pied-là que je me pré-
sentai, & que je suis encore. Les
Whigs peuvent bien, par leur achar-
nement, frustrer les bonnes intentions de Sa Majesté : les Toris
peuvent continuer de me censurer,
sur la foi des ennemis que je vous
ai depeints dans le cours de cette
relation : ni les uns ni les autres
ne peuvent plus m'écarter d'un
seul pas, du sentier que je me suis
tracé.

Je vous ai conduit à présent à
travers toutes les différentes posi-
tions où je me suis trouvé, & que
je m'étois proposé de vous faire par-
courir.

courir. Je croirois faire tort à votre
jugement comme à notre amitié,
si j'attendois de vous un autre langage que celui de Dolabella à Ci-
ceron : *Satisfactum est jam à te,
vel officio, vel familiaritati ; satisfactum etiam partibus.* Le Roi qui
m'a pardonné, pouvoit se plaindre
de moi ; ma famille pouvoit me reprocher le peu d'égards que j'avois
témoigné pour mes interêts & les
siens : mais où est mon crime envers mon parti & mes amis ? Dans
quelle partie de ma conduite les
Toris trouveront-ils une excuse
pour le traitement que j'en ai reçu ?
Comme Toris, tels que je les ai
laissés en quittant l'Angleterre, je
les en défie. Mais c'est ici le mal ;
& tout délicat qu'il peut être, il faut
le découvrir. Ceux d'entre eux qui
me

me décrient aujourd'hui, font bien changés. Ils étoient Toris alors, à préfent ils font Jacobites. Leurs objections contre ma conduite au fervice du Prétendant, ne font que le prétexte de leur reffentiment. La vraie raifon, c'eft que j'ai renoncé le Prétendant pour toute ma vie. Quand vous fûtes au commencement entraîné dans fes interêts, je puis vous prendre à témoin des notions qu'en avoit alors le Parti. Vous fongiez à le rétablir, pour oppofer un Roi Tori à un Roi Whig. Vous le prîtes pour inftrument de votre vengeance & de votre ambition. Vous le regardiez comme votre créature, & n'aviez jamais douté de faire avec lui les conditions qu'il vous plairoit. Cela eft fi vrai, qu'on tient encore tous les

II. Partie. N jours

jours le même langage aux Caté-
chumenes du Jacobitisme. Si l'on
avouoit le contraire, ce parti-là di-
minueroit bientôt en Angleterre.
C'est sur ce principe que je m'enga-
geai, lorsque vos ordres m'envoye-
rent à Commercy. Les Toris me
feroient encore un mérite de ces
dispositions, si eux-mêmes n'en
avoient point changé. Voilà ce qui
fait à présent mon crime. Au lieu de
faire du Prétendant un instrument
de leurs projets, ils veulent en servir aux siens : au lieu d'avoir en vuë
de le rappeller, sous des conditions qu'ils lui prescriroient, ils
n'ont d'autre objet que de le rétablir
sans condition; ce qui est, à propre-
ment parler, se soumettre à recevoir les siennes. Ne vous y trompez
point, il n'y a pas un seul Jacobite en-
deçà

deçà de la mer, qui ne pense de cette maniére. Les Anglicans de ce parti, & les Papistes Irlandois, semblent à tous égards avoir la même cause: ceux de votre côté qui sont avec eux en correspondance, doivent être compris dans la même classe. De-là, tant de clameurs élevées contre moi à la moindre apparence de mon retour en Angleterre, & de tout ce qui peut me mettre à portée de me justifier.

Vous avez déja vû quelles raisons le Prétendant & ses partisans de ce côté-ci peuvent avoir eues de se débarrasser de moi, & me couvrir, autant qu'il a été en leur pouvoir, de la derniére infamie. Leurs vuës ont été aussi courtes sur ce point, qu'elles le sont sur tous les autres. Ils n'ont pas vû d'abord que cette

 conduite

conduite ne me mettroit pas seulement en droit de ne plus garder
avec eux aucune mesure, mais encore de découvrir entiérement leur
mystere d'iniquité. Aussi-tôt qu'ils
s'en sont apperçus, ils ont pris l'unique parti qui leur restoit à choisir ;
celui de verser leur poison dans l'esprit des Toris, & d'établir contre
moi, pendant mon éloignement,
des préjugés si forts, qu'ils me fer-
meroient tout accès, lorsque je
serois à portée de me défendre.
Mon plus grand crime est de pouvoir prouver mon innocence. Dans
l'impuissance où ils sont de me ré-
pliquer par des faits, ni par des raisons, ils se tiennent prêts à étouffer
ma voix par la confusion de leurs
clameurs.

J'avouerai pourtant tous mes cri-

mes

mes. J'ai été dans le parti du Prétendant, mais d'une maniére fort différente de la leur. Je l'ai servi aussi fidellement & aussi-bien qu'eux, mais par un principe qui ne ressembloit point aux leurs. Je l'ai abjuré pour jamais ; & si c'est un crime, j'avoue aussi la ferme résolution où je suis, en me justifiant tôt ou tard, de détromper par ma propre expérience, le plus que je pourrai, des Toris qui ont été induits en erreur ; enfin, si jamais je retourne dans ma patrie, de contribuer de toutes mes forces au bien public de la Nation, sans aucun autre égard. Ces crimes, j'espere, ne vous paroîtront pas à présent de la plus noire espece. Vous en viendrez peut-être à les prendre pour des vertus, lorsque vous aurez lû & consideré ce qui me reste à dire. Car

avant

avant de conclure , je dois vous exposer le vrai d'une matiére que je n'aurois pû entamer plutôt , sans couper le fil de ma narration. Ici , feule & sans mélange , elle fixera par son importance toute votre attention.

Celui , quel qu'il soit , qui a composé ce tissu de faux faits , d'argumens futiles , débités en mauvais Anglois , & soûtenus d'une éloquence puérile ; en un mot , l'Auteur de la *lettre d'Avignon* dit , ,, qu'on ne me jugea pas la personne ,, du monde , à qui il convenoit le ,, plus de traiter le chapitre de la ,, Religion. " J'avoue que je serois de son avis , (& je comprendrois dans mon cas les protecteurs de cet écrivain) s'il avoit été question d'en recommander la pratique. Car c'est

assurément

aſſurément une impudence impardonnable, d'impoſer par précepte ce qu'on ne prêche point par exemple. Je ſerois encore de ſon avis, s'il avoit fallu expliquer la nature de la Religion, en ſonder les myſteres, & établir cette grande vérité, que l'Egliſe Anglicane a l'avantage ſur toutes les autres, & par la pureté de ſa doctrine, & par la ſageſſe de ſa diſcipline ; mais il ne s'agiſſoit de rien de tout cela : ç'auroit été l'emploi de quelque ſçavant & réverend Théologien. Nous autres laïques, n'avions rien à faire qu'à reſter fermes dans notre prétention, de n'être gouvernés par aucun Prince qui ne fût de la Religion de notre pays. Une telle déclaration n'auroit pas manqué de faire quelqu'impreſſion utile pour ouvrir les yeux, & diſpoſer

ser l'esprit même du Prétendant : du moins, nous devions à notre Parti & à nous-mêmes cette justice ; & l'effet que notre sincérité auroit produit, seroit devenu la régle de notre conduite.

En pensant de cette maniére, je ne fais aujourd'hui que ce que j'ai toujours fait. Je n'ai pas oublié, ni vous non plus, ce qui se passa lors-que peu de temps avant la mort de la Reine, il arriva des lettres du Chevalier à plusieurs personnes, & entr'autres une à moi. Dans celle-ci, l'article de la Religion étoit manié si mal-adroitement, qu'il fai-soit consister dans sa ferme résolu-tion d'adherer au Papisme, le motif de la confiance que nous devions avoir dans son caractere. L'effet de cette lettre fut le même sur moi,

moi, que sur tous les Toris à qui
je la montrai : ce fut de nous ré-
soudre à n'avoir aucun commerce
avec lui.

Quelque temps après, plusieurs
personnes entreprirent de nous persuader que le Chevalier n'étoit pas au
fond un bigot; que forcé d'habiter les
pays étrangers, & n'ayant de secours
à esperer que des Princes Catholiques, il n'auroit pas été prudent
à lui de faire aucune démonstration
d'un dessein de changer de Religion;
mais que si une fois nous pouvions
l'avoir parmi nous, & le tirer de
dessous l'aile de la Reine sa mere, il
étoit d'un tel caractere, & déja dans
de telles dispositions, que nous
pourrions compter sur sa complai-
sance. Pour fortifier cette opinion,
on nous ajoûta qu'il avoit envoyé

II. Partie.   O   cher-

chercher M. Lefley ; qu'il lui avôit
permis de célébrer dans fa maifon
l'Office de l'Eglife Anglicane , &
promis d'écouter ce que ce Théologien auroit à lui repréfenter fur le
fujet de la Religion. Quand je fortis
d'Angleterre, les mêmes chofes, &
de plus fortes , me furent d'abord
infinuées ; & je leur laiffai faire quelqu'impreffion fur moi , nonobftant
ce que j'avois vû écrit de fa main.
Si cette impreffion me fit incliner
vers le Jacobitifme , ou fi je la reçus
plus facilement , parce que peut-être
je commençois à pencher de ce
côté-là ? c'eft ce que je ne fçaurois
guères définir. Au moins , eft-il vrai
que je fus bien éloigné de pefer la
chofe autant que j'aurois dû le faire,
lorfque les follicitations de mes amis,
& les perfécutions de mes ennemis
me

me précipiterent dans des engagemens avec le Prétendant.

Aussi prêts d'éclater que je vous
suppofois, je tenois pour certain
que vous aviez eu une entiére fatif-
faction fur le point de la Religion.
Je fus bientôt détrompé : cette cor-
de n'avoit jamais été touchée. Mes
propres obfervations & le rapport
unanime de tous ceux qui avoient
approché le Prétendant depuis fon
enfance, m'apprirent en peu de
temps, combien il feroit difficile
de faire avec lui des conditions fur
ce chapitre, & peu fûr de n'en
point faire du tout.

Sa Religion n'eft point fondée
fur l'amour de la vertu, & la détef-
tation du vice ; fur un fentiment de
cette obéiffance que nous devons à
l'Etre fuprême, & fur la connoiffance

 des

des obligations réciproques entre
des créatures formées pour vivre en
société. La source de toute sa conduite est la peur, la peur du Diable
& de l'Enfer. On lui a enseigné
qu'une seule chose pouvoit le pré-
server de ces dangers ; une aveugle
soumission à l'Eglise Romaine, un
attachement scrupuleux à tous les
points de cette Communion ; en un
mot, il a toutes les superstitions d'un
Capucin, & aucune teinture de la
Religion d'un Prince. N'allez pas
croire que je donne ici carriére à
mon imagination, ou que j'écrive
ce que peut me dicter mon ressenti-
ment. Je vous dis simplement mon
opinion, fondée sur ce que j'ai vû :
j'en ai entendu faire le même por-
trait à tous ceux qui le connoissent
le mieux, & même parmi les Catholiques

liques avec qui j'ai conversé ; j'en
ai trouvé très-peu qui ne l'ayent jugé
trop Papiste.

Rien, dès le commencement, ne
me causa plus d'inquiétude, que la
considération de cette partie de son
caractere, & le peu de soin qu'on
avoit pris d'en corriger le foible.
On n'avoit pas non plus donné la
vraie tournure aux premiéres démar-
ches, qui avoient été faites à son
égard. Les Toris, qui depuis s'en-
gagerent avec lui, se jetterent, pour
ainsi dire, à sa tête. On lui avoit
laissé croire que le Parti en Angleterre avoit autant besoin de lui,
que lui du Parti. Il n'y avoit pas lieu
d'esperer de quelqu'un qui étoit dans
ses sentimens, beaucoup de com-
plaisance sur l'article de la Religion :
il croyoit d'ailleurs les Toris trop

avancés

avancés pour reculer impunément.
Quel fonds, enfin, pouvoit-on faire
sur les promesses d'un homme capable de croire sa damnation attachée
à l'observation, & son salut à l'in-
fraction de ces mêmes promesses ?
Il y avoit néanmoins quelque chose
à tenter. Je crus que c'étoit bien le
moins de s'expliquer clairement avec
lui, & de lui démontrer l'impossibilité de gouverner notre Nation par
un autre expédient que celui de se
conformer, quant à la Religion, à
ce qu'on attendoit de lui. Cela parut trop fort au Duc d'Ormond &
à M. Lesley. Le Duc ne devoit
pourtant pas ignorer plus que le
Ministre, combien celui-ci avoit
été maltraité, combien le Chevalier
avoit été éloigné de lui tenir la parole
qu'il lui avoit donnée, & sur la foi
de

de laquelle il s'étoit rendu auprès de lui. Ils sçavoient tous deux que non-seulement il refusa de l'entendre, mais qu'il mit à couvert derriére son autorité, l'ignorance de ses Prêtres, ou la foiblesse de sa cause, en défendant absolument tout dis-cours sur la Religion. Le Duc pa-roissoit convaincu qu'on seroit tou-jours à temps de lui en parler après son rétablissement, ou, pour le plutôt, lorsqu'il auroit mis le pied en Angleterre ; que l'influence sous la-quelle il avoit vécu, étant une fois éloignée, ce que nous lui deman-dions, seroit si raisonnable, & en même temps si nécessaire, qu'il ne pourroit manquer de satisfaire nos desirs.

Pour moi, tout ce raisonnement me paroissoit captieux. Il me sem-
bloit

bloit très-important de le préparer de ce côté-ci, aux apparences qu'il devroit donner, lorsqu'il seroit de l'autre. Si nous ne pouvions rien gagner en France sur ses préjugés, il n'y avoit pas lieu d'esperer que nous dussions les vaincre tout-d'un-coup dans la Grande-Bretagne. J'aurois précisément raisonné comme le Duc & M. Lesley, si j'avois été un Papiste. Dans une grande disette d'habileté, on ne laissoit pas de trouver de la ruse parmi ceux qui entouroient le Prince ; & je remarquai fort bien qu'ils affectoient beaucoup d'éviter tout discours sur la Religion. A mon avis, il étoit clair qu'une fois descendus en Angleterre, nous serions infiniment plus dans la nécessité d'aller avec lui en avant, à quelque prix que ce fût,

que

que lui, dans celle de nous complaire.
Je regardois comme une faute
inexcusable, d'avoir pris un enga-
gement formel, sans avoir obtenu
aucune satisfaction sur un point
aussi essentiel pour nos droits civils,
que pour ceux de la Religion, &
pour la paix de l'Etat, que pour la
prospérité de l'Eglise. Je voyois cette
faute s'aggraver tous les jours par
notre silence. C'étoit manquer de
bonne foi, & au Prétendant, & à
nos amis en Angleterre. C'étoit
l'encourager à croire qu'ils exige-
roient beaucoup moins, que ce que
nous sçavions qu'ils attendoient de
lui, & les confirmer dans une opinion de sa docilité que nous con-
noissions destituée de tout fondement. L'éloignement de l'influence
sous laquelle il avoit vécu, étoit un

II. Partie. P pré-

prétexte frivole, & sur lequel on n'auroit jamais insisté vis-à-vis de moi. Je sçavois trop bien que conséquemment à des mesures déja prises, il devoit être environné en Angleterre, des mêmes gens qui l'obsedoient ici; & que la Cour de St James, si elle étoit jamais rétablie, ne seroit pas autrement composée que celle de St Germain.

Lorsqu'il fut question de minuter une Déclaration & d'autres Ecrits, pour être répandus dans la Grande-Bretagne, il parut que ma crainte & ma défiance n'étoient que trop fondées. Le Prétendant fit des difficultés sur plusieurs articles; ceux principalement qui contenoient une promesse directe *d'assurer* les Eglises d'Angleterre & d'Irlande. On lui avoit dit qu'il ne pouvoit en conscience

cience faire une telle promeſſe ; &
le débat ayant duré quelques mo-
mens, il me demanda avec chaleur,
pourquoi les Toris deſiroient ſi fort
de l'avoir , s'ils attendoient de lui
des choſes que ſa Religion ne pouvoit lui permettre ? Il m'ordonna de
lui laiſſer ces minutes pour les exa-
miner. S'il les envoya à la Reine
pour être corrigées par ſon Confeſ-
ſeur & le reſte de ſon Conſeil, c'eſt
ce que je ne ſçaurois dire , mais je
le croi fermement. Du moins, eſt-
il ſûr qu'il prit aſſez de temps pour
faire tout cela , avant de me ren-
voyer ces minutes de Bar à Paris ,
où j'étois retourné. Enfin , quand
elles eurent été aſſez retouchées pour
ſatisfaire ſes Caſuiſtes , il les fit imprimer ; & mon nom fut mis à la
Déclaration , comme ſi l'original

P 2

avoit

avoit été signé de moi. J'avois juf-
ques-là foumis mon opinion au
jugement des autres ; mais dans
cette occafion , je pris confeil
de moi même. Je lui déclarai
que je ne fouffrirois point que
mon nom parût au bas de cette
piéce. J'en brûlai toutes les co-
pies qui me tomberent entre les
mains , & l'on en fit imprimer
une autre qui n'étoit point contre-
fignée.

Toute la teneur de ces corrections étoit un témoignage conti-
nuel de la plus groffiére bigoterie :
& le tour qu'on avoit donné aux
endroits les plus effentiels , réunif-
foit tous les caracteres imaginables
de la prévarication Jéfuitique. Le
Prétendant avoit alors un interêt
fenfible à cultiver le refpect que
plufieurs

plusieurs des Toris conservoient
réellement pour la mémoire de la
feuë Reine, & que beaucoup d'autres affectoient, comme une mar-
que de leur opposition à la Cour
& aux Whigs. Rien ne pouvoit être
plus important pour lui, que d'en-
trelasser, pour ainsi dire, dans sa
cause, l'honneur d'un nom si cher
au Parti, & de faire entrer la Reine,
même après sa mort, comme partie
dans la dispute. On ne put jamais
gagner sur ce Prince de donner à sa
sœur le caractere que ses ennemis
mêmes ne lui avoient jamais refusé,
ni de se servir à son sujet, de cer-
taines expressions générales, qui
n'étoient guères plus que des termes
de respect, usités pour la forme,
dans les actes publics. En voici des
exemples.

Elle

Elle étoit nommée dans la minute, *sa sœur de glorieuse & heu-*
reuse mémoire. Dans l'imprimé
on retrancha l'épithete *d'heureuse*.
Sa justice éminente & sa piété
exemplaire y étoient touchées par
occasion ; à ces expressions, on en
substitua une autre assez plate, &
même, dans le cas présent, suscepti-
ble d'être mal prise : c'étoit, *son*
inclination pour la justice.

Bien-loin de reconnoître qu'elle
eût été ni juste ni pieuse en ce
monde, peu s'en fallut qu'il ne la
déclarât damnée dans l'autre, con-
formément aux charitables principes
de l'Eglise Romaine.

Lorsqu'il plut au Dieu tout-
puissant de la retirer à lui, étoit
l'expression employée en parlant de
sa mort. Elle fut effacée, & celle-ci
mise

mise à la place : *Quand il plut au Dieu tout-puiſſant de mettre fin à ſa vie.*

Il voulut bien paſſer que, *les Univerſités étoient des Ecoles de fidélité :* mais il ne crut pas qu'il lui convînt de les appeller, *des Ecoles de Religion.*

Puiſque ſon pere paſſe déja pour ſaint, & qu'on accrédite tous les jours des rapports de miracles operés à ſon tombeau, il auroit bien pû laiſſér ſon ayeul en poſſeſſion du titre de Martyr. Cependant il raya ces mots de la minute : *Ce bienheureux Martyr qui mourut pour ſon peuple ;* & ne voulut rien dire de plus que ceci : *Il tomba en ſacrifice à la rébellion.*

Dans la clauſe concernant les Egliſes d'Angleterre & d'Irlande,
il

il y avoit une promesse très-claire
& très-expresse, *de pourvoir effica-*
cement à leur sûreté & à leur réta-
blissement dans tous les droits qui
leur appartenoient. On ne laissa
point subsister cette clause ; mais on
en fabriqua une autre, dans laquelle
l'Eglise d'Irlande étoit omise, & où
l'on ne faisoit à celle d'Angleterre
que des promesses vagues, déja con-
tenues dans une autre Déclaration
du 20. Juillet précedent.

Il ne faut point de commentaire
à un procédé si clair. Le but de ces
évasions & de ces obscurités affec-
tées se présente d'abord, & se
découvre encore plus dans ce qui
me reste à vous dire.

Le Prétendant craignoit si fort
d'admettre aucun mot qui pût l'engager trop précisément, que dans
un

un autre endroit où il parloit de
*fa follicitude pour la profpérité de
l'Eglife Anglicane ,* ce mot *profpérité* fut effacé ; & par cette
reftriction mentale , on nous laiffa
à deviner quel feroit l'objet de cette
follicitude. Si ce n'étoit plus la
profpérité , ce ne pouvoit être que la
deftruction , ou dans fon langage ,
la converfion de cette Eglife.

Je ne finirois point , fi j'entre-
prenois de citer ici tous les termes
& les tours équivoques gliffés dans
cet écrit. Qui ne croiroit , qu'après
toutes ces corrections , il auroit été
envoyé fans autre précaution ? mais
il avoit été compofé par des Protef-
tans , & l'on crut ne pouvoir
employer affez de préfervatifs afin
de prévenir toutes les inductions
qu'ils en voudroient tirer pour la

II. Partie. Q fûreté

sûreté de leur Religion. La Déclaration du 20. Juillet avoit été dressée par un Prêtre du Collége des Ecossois , & les expressions en avoient été mesurées avec beaucoup d'art : elles auroient fourni au Prétendant , en cas de besoin , les moyens d'éluder tous ses engagemens par de petits sophismes pieux , & des distinctions scholastiques. Cet écrit orthodoxe devoit par conséquent accompagner dans le public la déclaration hérétique , pour servir d'antidote , & rendre l'interprétation de l'une , relative à l'esprit de l'autre. C'étoit donc dans le sens de la Déclaration du 20. Juillet , qu'on entendoit tenir toutes les promesses faites par la suivante. Je ne doute pas que Bellarmin même , s'il eût été le Confesseur du Chevalier ,

n'eût

n'eût paſſé , avec cette reſtriction ,
tout le contenu de celle-ci. En effet , la premiére ne renfermoit pour
notre Egliſe , que la promeſſe *d'aſ-*
ſurer & de protéger tous ſes mem-
bres. Or , il n'étoit pas difficile de
trouver une de ces heureuſes dif-
tinctions entre *la ſûreté de l'Egli-*
ſe Anglicane conſidérée en corps ,
& *la protection perſonnelle* accordée à chacun de ſes membres.
Plus d'un projet ſalutaire pour la
deſtruction des herétiques , ou pour
l'aggrandiſſement du ſaint Siége , ont
été établis ſur de plus legers fonde-
mens. Le même eſprit regnoit
dans tout le reſte ; & juſqu'au
pardon géneral , tout étoit limité ,
aux termes de la précédente Déclaration.

Voilà le compte , que je jugeois

 trop

trop important pour le supprimer,
& que je voulois vous rendre tout
de suite, du caractere de ce Prince,
par rapport à la Religion. Vous en
conclurez comme moi, ou que les
Toris sont grossiérement trompés
dans leur opinion à son sujet, ou
qu'ils sacrifient à leurs passions tout
ce qui doit être précieux & sacré
entre les hommes. Quoi qu'il en
soit, je reste toujours Tori, & fidéle au Parti.

Dans le premier cas, je m'efforce
de le désabuser par une expérience
acquise à mes propres dépens, &
à son service. Dans le second, je
fais du moins mon possible, pour
vous rappeller à l'ancien principe,
dont vous vous êtes écartés. Tant
que nous avons vécu ensemble, vous n'avez jamais prétendu
travailler

travailler à détruire votre patrie ; & néanmoins , chaque démarche que vous faites à préfent pour le rétabliſſement dont vous êtes ſi entêtés , eſt un pas de plus vers ſa ruine. Jamais homme de bon ſens , bien informé de la vérité , n'entrera dans aucunes meſures pour ce rétabliſſement , à moins de ſe trouver , lui & ſon pays , dans des circonſtances ſi déſeſperées , qu'il ne lui reſtât plus , entre deux façons de périr , que le choix de celle qui lui plairoit davantage.

L'exil de la famille Royale , ſous l'uſurpation de Cromwel , fut la principale cauſe de tous les malheurs , où la Grande-Bretagne & une partie de l'Europe ont été plongées depuis un demi-ſiécle.

Les deux freres , Charles & Jacques ,

ques, se laisserent alors infecter du
Papisme dans un degré propor-
tionné à leurs différents caracteres.
Charles avoit de l'esprit , & son
bon jugement servit d'antidote au
poison. Jacques, le plus simple des
hommes , but le calice jusqu'à la
lie. Ce poison rencontra dans son
tempérament , toute la crainte, la
crédulité & l'obstination propres à
fortifier & précipiter son effet.
Charles eut toute sa vie un travers
singulier. C'étoit de conniver &
même de contribuer indirectement
à l'accroissement d'une puissance
qui troubloit déja la paix , & me-
naçoit la liberté de l'Europe ; mais
il ne s'écarta jamais plus loin. L'opposition de ses Parlemens & ses
propres réflexions l'arrêterent là. Le
Prince & le peuple étoient , il est
vrai ,

vrai , jaloux l'un de l'autre ; & ce
fut la caufe de beaucoup de défor-
dres actuels , comme l'origine de
grands maux à venir. Mais une ef-
pece de combat entre fes bons &
fes mauvais principes , le rendit
capable de maintenir enfemble, pendant un régne de plus de vingt ans ,
fur un pied affez tolerable , l'autorité de la Couronne & la prof-
péritéde la Nation. Jacques , enyvré
d'un zéle fuperftitieux & entou-
fiafte , courut tête baiffée à fa ruine ,
en croyant précipiter la nôtre. Son
Parlement & fon peuple firent
leur poffible pour fe fauver , en
le gagnant. Ce fut en vain ; il
n'avoit aucun principe par où on
pût le prendre : fes bonnes qualités
même tournerent à fon préjudice ,
& fon amour pour fa patrie fe mit

de

de moitié avec sa bigoterie. Nous avons appris de nos peres ce qui en arriva. La révolution de 1688. sauva la Nation, & ruina le Roi.

Aujourd'hui, l'éducation du Prétendant l'a rendu infiniment moins propre que son oncle, & aussi peu fait que son pere, pour être Roi de la Grande - Bretagne. Ajoûtez à cela, qu'il n'y a point de ressource dans son esprit. Les hommes du meilleur sens ont de la peine à surmonter les préjugés religieux, qui sont les plus forts de tous; mais il est, lui, l'esclave des plus foibles. La verge est toujours suspendue sur sa tête, comme l'épée de *Damoclès*. Il tremble devant sa mere, & à l'aspect de son Confesseur. Que peut donc attendre d'un tel caractere, un membre, quel qu'il soit,

de

de l'Eglise Anglicane ? Faut-il par
une autre révolution , retomber
dans le même état , dont la premiére nous a délivrés ? Prenons
exemple des Catholiques Romains ,
qui agiſſent très-ſagement , en refu-
ſant de reconnoître un Prince Pro-
teſtant. Henri IV. avoit pour le
moins un auſſi bon titre à la Couronne de France , que le Prétendant à la nôtre. La Religion ſeule ſe
trouvoit dans ſon chemin ; & s'il
n'eût écarté cet obſtacle , il ne
ſeroit jamais monté ſur le Thrône.
Nous ſoumettrons-nous à un Prince
Papiſte , qui n'imiteroit pas plus
Henri IV. dans cette conduite ,
que dans les belles qualités dont
l'aſſemblage fit de lui le plus honnête homme , le plus brave Capi-
taine , & le plus grand Prince de

<table>
<tr><td>II. Partie.</td><td>R</td><td>ſon</td></tr>
</table>

son temps? Permettez-moi de faire ici quelques obfervations, dont les conféquences rentrent dans mon fujet.

Une bienveillance générale & une charité univerfelle femblent être établies dans l'Evangile, comme les marques diftinctives du Chriftianifme. Il eft arrivé néanmoins, je ne fçai comment, que dans tous les fiécles de l'Eglife, ceux qui en font profeffion, ont paru animés d'un efprit tout-à-fait oppofé à celui-là. Dans le temps même qu'ils étoient encore clair-femés dans le monde, tolerés en quelques endroits, établis nulle part, leur zéle confuma fouvent leur charité. Le Paganifme, alors la Religion établie par les Loix, fut fouvent infulté par eux, les cérémonies troublées,

troublées , les Autels renversés.
Auffi-tôt que par la faveur de
Conftantin , leur nombre fut augmenté , & les rênes du gouvernement mifes entre leurs mains , ils
commencerent d'employer les armes temporelles , non - feulement
contre les autres Religions , mais
contre les différentes fectes qui s'éle-
verent dans la leur. On peut affir-
mer hardiment , qu'il y a eu plus
de fang répandu dans les difputes
de Chrétiens à Chrétiens, que dans
toutes les perfécutions des Empe-
reurs payens , & les conquêtes des
Princes Mahometans. Ceux-ci leur
faifoient quartier ; mais les Chrétiens n'en ont jamais reçu les uns
des autres. Leur Religion eft actuellement tolerée parmi les Mahometans ; les dômes des Mofquées

& ceux des Eglises, s'élevent dans
la même enceinte : mais il seroit
fort difficile de trouver un exemple, qu'une secte de Chrétiens en
ait toleré une autre qu'il auroit été
en son pouvoir d'extirper. On a été
plus loin dans ces derniers siécles :
ce qui avoit été pratiqué jadis, a
depuis été enseigné. La persécution
a été réduite en systême. Les dis-
ciples d'un Maître si humble & si
doux, ont avoué une tyrannie que
les plus barbares conquérans n'ont
jamais exercée. Des Casuistes perni-
cieux ont fait du parjure un devoir,
à l'égard de ceux qui professent une
croyance différente ; & le meurtre
même est devenu un moyen du
salut. Je sçai que les Eglises réfor-
mées ont été bien éloignées de ces
cruels excès, autorisés autant par
l'exemple,

l'exemple, que par la doctrine de la Cour de Rome ; (quoique Calvin eût pris pour sa devise à la tête de l'édition Françoise de son Institut, une épée flamboyante avec ces mots, *Je ne suis point venu mettre la paix, mais l'épée* ;) mais je sçai aussi que la différence consiste plus dans les moyens, que dans le but de leur politique. L'Eglise Anglicane, celle de toutes où il y a le plus d'humanité, déracineroit volontiers toute autre Religion, si la chose étoit en son pouvoir. Elle ne feroit ni brûler, ni pendre : sa méthode seroit plus douce, & peut-être plus efficace.

Puis donc qu'il regne encore parmi les Chrétiens, une animosité si invéterée, est-il rien de plus absurde à des gens qui ont adopté

une

une croyance , que de confier le
pouvoir suprême , en tout ou en
partie , à quelqu'un qui en professe
une différente ? Mais ne seroit-ce
pas , sur-tout à nous , une extrême
folie de nous livrer à des Catholiques Romains ? Un Papiste auroit-il lui-même le front de s'y
attendre ? lui , qui nous regarde-
roit comme herétiques , comme
rebelles à une autorité légitime ,
divine même ; & qui , par conséquent, croiroit faire œuvre méritoi-
re , de nous réduire à l'obéissance
par toutes sortes de voies. Il en
est , je le sçai , plusieurs parmi les
Catholiques, qui pensent plus géné-
reusement , & dont la morale n'est
point corrompue par ce qu'on appelle Religion. Mais c'est l'esprit
du Clergé qui est à craindre ; c'est

sa

fa balance, dans laquelle un lam-
beau d'une parabole emporte tout
le Décalogue, *Compelle eos intrare;*
maxime, que les Prêtres appliquent
à leur fantaisie : & tel fera toujours
l'esprit de tout Prince assez foible
pour se soumettre à leur direction.

En voilà beaucoup plus que je
ne m'étois proposé de vous dire,
lorsque j'ai pris la plume. Je suis
persuadé que si ces Memoires peuvent jamais vous parvenir, ils vous
mettront en état de balancer le
compte entre le Parti & moi. Jusqu'à la mort de la Reine, il est, je
croi, au pair. Les Toris me dis-
tinguoient alors par leur approba-
tion, & par le crédit que j'avois fur
eux. Je travaillois de mon côté, à
mériter cette distinction, en les
servant, malgré tous les sujets actuels

tuels de découragement & la per-
spective peu éloignée des plus grands
dangers. Depuis , il s'en faut bien
que la balance soit égale. Tout Juge
impartial pourra décider si c'est moi
qui suis redevable. Quant au jugement du public , soit pour le
présent , soit pour l'avenir, je n'en
suis guères en peine. *Suum cuique
decus posteritas rependet.*

F I N.

PIÉCES JUSTIFICATIVES.

On n'a pas jugé à propos d'inserer ici le procès de Mylord Bolingbroke , si l'on peut appeller ainsi les chefs d'accusation portés contre lui par M. Robert Walpole , & le jugement prononcé contre un absent qui n'avoit pas été entendu. Son crime étoit d'avoir servi fidellement une Reine qui donna la paix à l'Europe : surtout , on ne lui pardonna point le voyage qu'il fit à la Cour de France en 1712. avec des instructions & des pleins pouvoirs , pour arrêter les Préliminaires. On n'aura pas de peine à croire que , dans les circonstances , il fut reçu à Versailles comme un Dieu tutelaire. Les Hollandois & la Cour de

Vienne lui en sçurent encore plus mauvais gré, que les *Whigs* & les *Hanovriens*. Et ces deux Puissances ne desiroient pas moins ardemment de se venger sur lui, du mauvais succès de tous leurs efforts pour empêcher la paix. Ceci expliquera un endroit de la Lettre suivante. Le Continuateur de Rapin Toiras l'avoit supprimé ; on l'a rétabli, d'après une copie fidelle & authentique.

LETTRE

LETTRE

DE MYLORD BOLINGBROKE
A MYLORD LANSDOWN.

Douvres, 27. Mars 1715.

J'ai quitté Londres avec tant de précipitation, que je n'ai pas eu le temps de prendre congé d'aucun de mes amis : j'avois des avis certains & réiterés, de la part de ceux qui sont dans le secret des affaires, qu'il avoit été résolu par ceux qui ont le pouvoir de l'exécuter, de me faire perdre la tête sur un échaffaut. Mon sang devoit être le ciment de nouvelles alliances. *Mon innocence n'auroit pû faire ma sûreté ; puisque ce sang étoit demandé au dehors, & qu'il avoit été décidé au dedans, qu'il étoit nécessaire de le répandre. S'il y*

S 2

avoit

avoit eu la moindre apparence que
l'on m'eût fait mon procès d'une
maniére libre & avec candeur,
après avoir été comme condamné
par les deux Chambres du Parlement sans m'entendre ; je n'aurois
pas refusé de subir l'examen le plus
rigide. Je défie mes ennemis les
plus inveterés, de produire une
seule preuve d'aucune intelligence
criminelle, ou de la moindre cor-
ruption dans l'administration des
affaires ausquelles j'ai eu part.

Si mon zéle pour l'honneur &
la dignité de la Reine, & pour
le véritable interêt de ma patrie,
m'a quelquefois porté à m'expri-
mer avec trop de chaleur & d'une
maniére peu circonspecte ; j'espere
qu'on l'interprétera de la façon la
plus favorable. Ce m'est une conso-
lation

lation dans mes malheurs , d'avoir servi ma Reine en bon & fidéle sujet , sur-tout , en ce qu'elle avoit le plus à cœur , qui étoit de délivrer son peuple d'une guerre sanglante & onéreuse ; & d'avoir toujours été trop bon Anglois , pour sacrifier l'interêt de ma patrie à quelqu'allié étranger que ce soit. Et cependant , voilà le seul crime qui m'en bannit , &c.

LETTRE

LETTRE SECRETTE

DU COMTE DE STAIR,

Ambaſſadeur d'Angleterre à la Cour de France,

A MONSIEUR

JACQUES CRAGGS,

l'un des seconds Secrétaires d'Etat.

M.

Vous avez vû par ma dépêche, l'état de la négociation : j'ai à préſent à vous parler, en particulier, de Bolingbroke.

Je l'ai vû chez moi le jour après l'arrivée de M. Pitt, & nous avons eu enſemble une converſation d'une heure & demie, dont la ſubſtance eſt, que lui Bolingbroke, rentroit du meilleur de ſon cœur, dans ſon devoir envers ſon Roi &

ſa

sa patrie, & que rien au monde n'étoit capable de le détacher de cette résolution, quand même Sa Majesté ne trouveroit pas à propos de lui faire grace. Qu'il étoit prêt, dès ce moment, à s'employer avec moi dans ce pays ci pour le service du Roi, si je croyois qu'il y pouvoit être utile à quelque chose ; & qu'il me communiqueroit tout ce qui viendroit à sa connoissance, qui me pourroit être de quelqu'usage ; & qu'il m'aideroit volontiers de toutes les lumiéres qu'il pourroit avoir acquises par ses habitudes ici.

Il me dit, que je sçavois bien, par son caractere, qu'il ne faisoit pas les choses à demi ; qu'en rentrant en son devoir, il se proposoit de servir le Roi & sa patrie avec

avec zélé & avec affection : Que
pour cet effet, il se croiroit obligé, par toutes les obligations du
devoir, de la reconnoissance, de
l'honneur & de l'interêt même,
d'informer le Roi de tout ce que
son expérience lui pourroit sugge-
rer d'utile pour le service de Sa
Majesté, pour l'affermissement de
la tranquillité publique, & pour
prévenir tous les projets qui se
pourroient former en faveur de
ses ennemis : Qu'il feroit tout ce
qui dépendroit de lui, de faire
rentrer les Toris, qui ont embrassé
le parti du Prétendant, dans leur
devoir, en leur faisant voir quelle
espece d'homme le Prétendant
étoit ; & qu'ils se trompoient, s'ils
croyoient qu'ils pourroient avoir
de la sûreté avec lui, ou pour leur
liberté,

liberté, ou pour leur religion : Que
pour faire cela, il étoit nécessaire,
même pour le service du Roi, que
lui Bolingbroke ne fût pas perdu
de réputation, qu'il ne passât pas
pour délateur.

Il insista beaucoup sur cet article. ,, Ce que je propose de faire,
,, me dit-il, est digne d'un hon-
,, nête homme, convaincu de son
,, erreur, & touché d'un vrai repen-
,, tir ; c'est ce que je ferai haute-
,, ment & à la face de l'univers : &
,, permettez-moi d'ajoûter, que
,, c'est un service réel que je ren-
,, drai au Roi & à ma patrie. Mais
,, de consentir à trahir des particu-
,, liers, ou à réveler ce qui m'a
,, été confié, ce seroit me désho-
,, norer à jamais. ``

Je ne dois pas oublier à vous
dire,

dire , qu'outre son éloignement pour le Prétendant , il m'a témoigné beaucoup de dépit contre la France ; & je suis sûr qu'il me parloit sin-cérement.

Je serai bien-aise d'être instruit au plutôt touchant les intentions du Roi à son égard , & de ce que je dois lui promettre au nom de Sa Majesté ; afin qu'il puisse être en état de se retirer de ce pays-ici , où j'appréhende qu'il ne fait pas bon pour lui.

Pour moi , je vous avoue fran-chement , que je crois qu'il m'a parlé dans la sincérité de son cœur ; qu'il est résolu de faire son mieux pour abbatre le parti du Prétendant , & pour le déraciner tout-à-fait, si cela dépendoit de lui : & il me pa-roît certain , qu'il n'y a personne qui

qui puiſſe nuire au Prétendant au
point qu'il le peut faire.

A la fin de notre converſation,
il me ſerra la main, & me dit : ,,
,, Mylord, ſi l'on me fait la juſtice
,, de croire que mes profeſſions ſont
,, ſincéres , plus ils ménagent ma
,, réputation , plus ils ſont le ſer-
,, vice du Roi. Si au contraire ils
,, me ſoupçonnent de ne pas mar-
,, cher droit, ils auront raiſon d'exi-
,, ger de moi des conditions que
,, j'aurai en même temps raiſon ,
,, comme un honnête homme , de
,, refuſer. Les difficultés que je fais
,, de promettre trop , peuvent ſer-
,, vir de garans que je tiendrai ce
,, à quoi je m'engage. En tout cas ,
,, le temps & ma conduite uni-
,, forme convaincront tout le mon-
,, de de la droiture de mes intentions :

„ tions : & il vaut mieux attendre
„ ce temps avec patience , quelque
„ long qu'il puisse être , que d'ar-
„ river avec précipitation à son but,
„ en sortant du grand chemin de
„ l'honneur & de la probité. "